DELIUS KLASING

Don Casey

RUMPF- UND DECKS-REPARATUREN

Delius Klasing Verlag

Titel der englischen Originalausgabe:
Sailboat Hull & Deck Repair

Bibliografische Information Der Deutschen Bibliothek
Die Deutsche Bibliothek verzeichnet diese Publikation in der Deutschen Nationalbibliografie; detaillierte bibliografische Daten sind im Internet über »http://dnb.ddb.de« abrufbar.

4. Auflage
ISBN 3-7688-1028-3
ISBN 978-3-7688-1028-9

Aus dem Englischen von Michael Naujok
Umschlaggestaltung: Ekkehard Schonhart
Titelfoto: Hans-Günter Kiesel
Zeichnungen in den Kapiteln 1, 2, 6 und 7: Jim Sollers
Zeichnungen in den Kapiteln 3, 4 und 5: Rob Groves
Layout: Gabriele Engel
Gesamtherstellung: Druckerei Runge GmbH, Cloppenburg
Printed in Germany 2006

Delius Klasing Verlag, Siekerwall 21, D-33602 Bielefeld
Tel: 0521/559-0, Fax: 0521/559-115
e-mail: info@delius-klasing.de
www.delius-klasing.de

Inhalt

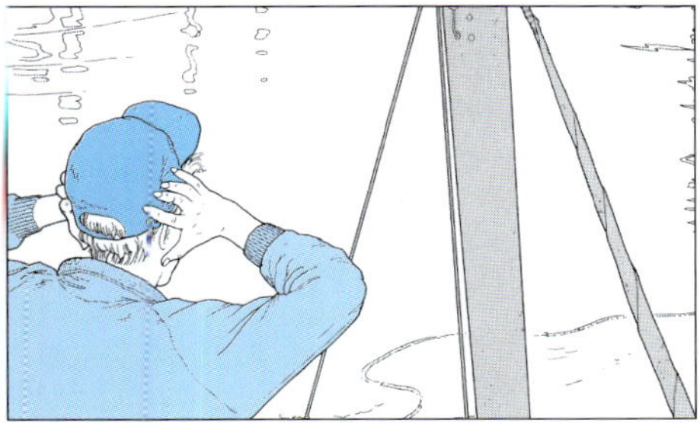

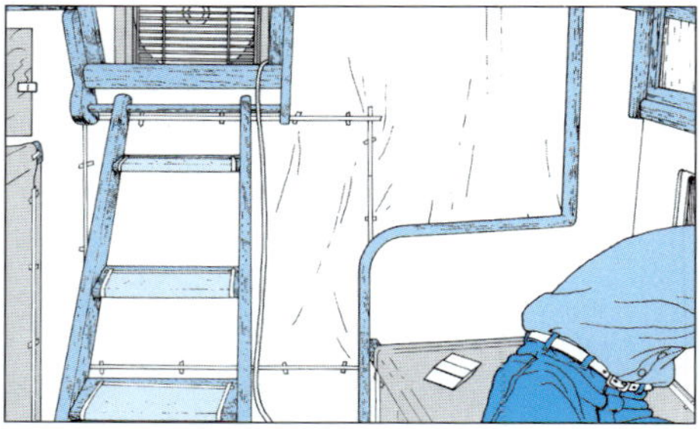

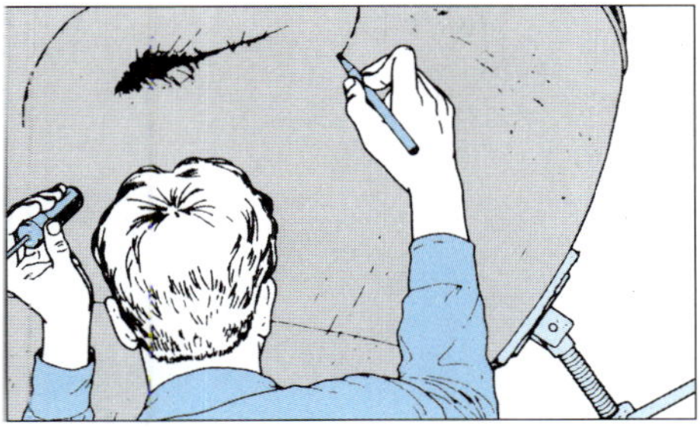

Einführung

Kunststoff in der Welt des Yachtbaus

Der legendäre Yacht-Designer L. Francis Herreshoff nannte – etwas unangemessen, wie mir scheint – dieses vielseitige Material „gefrorenen Schleim". Mag ja sein, aber wie viele seiner herrlichen Holzyachten endeten als Hummerbehausung auf dem Grund oder gar als Brennmaterial in Werftöfen, während die „Schleim-Yachten" – ganz gleich warum – nahezu unsterblich auf allen Ozeanen, auf Seen und Flüssen herumschippern.

Holzboote sterben für gewöhnlich früher auf natürlichem Wege. Glasfiberboote müssen schon gewaltsam beseitigt werden.

Verstehen Sie mich nicht falsch! Ich liebe Holzyachten, und besonders liebe ich Herreshoff-Yachten. Es ist schon etwas Zauberhaftes, wenn gerades, kantiges Bootsbauholz die fließenden Konturen einer Yacht annimmt. Die Handwerkskunst ist offensichtlich: Planken werden geformt und nehmen Kurvengestalt an, Knie werden aus gewachsenem Krummholz geschnitten, und wir nutzen damit die natürliche Kraft des Baumes. Präzise Schwalbenschwanzpassungen verbinden Bord und Balken. Diese Handwerkskunst ist natürlich wesentlich unbedeutender bei einem Glasfiberboot, das in einer Form aus mehreren Lagen Fasern und Harz entsteht.

Daß die ausgehärtete Rumpfschale die gleichen eleganten Kurven zeigt, sei dahingestellt. Aber es ist nicht die Aufrechnung wonach wir suchen – es ist die Sichtweise: Wenn wir eine bleigefaßte Glastüre in der Pantry einer Herreshoff-Yacht öffnen, treffen wir auf feines China-Porzellan. Warum nicht auf Holzbrettchen oder Schalen aus Holzgeflecht? Weil China-Geschirr – ausgehärtet aus Porzellanerde – wesentlich servicefreundlicher ist! Ein Vergleich mit einem glasfaserverstärkten Kunststoffboot bietet sich an. Fiberglas ist formbar, durabel und leicht zu behandeln. Diese Eigenschaften, das ist reichlich bekannt, haben Fiberglas zum überragenden Material im Bootsbau der vergangenen vier Jahrzehnte gemacht. Wenn man ein Boot zum Repräsentieren sucht, dann ist Holz das richtige. Wenn man aber ein Gebrauchsboot sucht, dann ist ein GFK-Boot nicht zu schlagen.

Ein weniger bekannter Vorteil ist die Tatsache, daß GFK leichter zu reparieren ist. Die nahtlose Bauweise läßt manchen Bootseigner zum Schluß kommen, daß Reparaturen schwierig sein müßten. Manche entgegengesetzte Behauptung verursacht hochgezogene Augenbrauen. Auf den folgenden Seiten des Buches hoffen wir, die Skepsis mit klaren Erklärungen abzubauen. Aber der einzige Weg, die eigenen Zweifel zu beseitigen, ist folgender: Sie kaufen sich Harz, Härter und Glas und rühren es zusammen.

Obwohl dieses Buch auf Rumpf- und Deckreparaturen an GFK-Yachten beschränkt ist, ist es aber nicht nur auf GFK-Reparaturen begrenzt. Kunststoffboote bestehen nicht ausschließlich aus GFK.

Decks zum Beispiel haben Kerne aus Sperrholz, Balsaholz oder Schaum. Sie sind eingerahmt mit einer Aluminium-Fußreling, einge-

deckt mit Teak, ausgestattet mit Bronzebeschlägen, unterbrochen mit Acrylflächen, durchstoßen von rostfreiem Stahl und versiegelt / geschützt mit Gummi. Natürlich verlangen alle diese Komponenten eine regelmäßige Pflege und gelegentliche Reparaturen, und sie müssen sorgsam zusammengefügt sein, wenn das Boot trocken sein soll.
Wasserdichte Verbindungen sind das A und O in diesem Job. GFK-Rümpfe sind absolut nahtlos, und ganz selten leckt ein GFK-Rumpf, egal wie alt er ist. Leckstellen im Deck sind – unglücklicherweise – ein anderer Fall. Spritzer? Regen? Sturzbäche? Die geballte Summe dieser drei findet den Weg unter Deck. Deck-Lecks durchfeuchten nicht nur Schrankinhalte, tropfen auf Kojen, rinnen quer durch den Bootskörper; sie zerstören auch Holzeinlagen, zerfressen Metall und delaminieren Schottwände. Das Aufsuchen und Beheben von Lecks ist äußerst wichtig. Dieses Buch zeigt die effektivsten Methoden und Techniken zur Herstellung von versiegelten Verbindungen und die Materialien für die verschiedenen Verwendungen. Es zeigt auf, wie man Luken erneuert, wie eine Rumpf-Deck-Verbindung aussieht und eine Schwertlagerung repariert wird. Es sagt auch, wie Sie Ihre eigene Arbeit testen können und wie Sie Lecks finden.
Oftmals sind es nur Kratzer und Blessuren, die beseitigt werden müssen. Die Wiederherstellung des alten Glanzes kann bei GFK-Rümpfen ganz einfach sein, es wird beschrieben, wo wir das Material einsetzen. Die Wunden der Zeit ruinieren das Deck mehr als den Rumpf. Ein altes GFK-Deck zeigt an vielen Stellen Haarrisse, ist übersäht mit Hohlräumen / Ablösungen und zeigt Spannungsrisse in Ecken und im Bereich der Püttings. Glücklicherweise lassen sich diese Blessuren leicht beheben. Step-by-Step-Anleitungen zeigen den Reparaturweg auf. Decksbelagreparaturen sind kompliziert, weil eine rutschfeste Oberfläche wieder hergestellt werden muß. Eigner, die eingelegte Anti-Rutsch-Beläge haben, werden Instruktionen auch zu diesem Thema finden. Eigner mit Holzdecks werden mehr Interesse am Abschnitt „Teakdeck" haben.
Natürlich muß ein Buch dieser Art die Reparatur von Glasfasergelegen beschreiben, aber nicht bevor auf die notwendigen Materialien eingegangen wird.
Wann soll man Polyester und wann Epoxydharz verwenden? Was ist Vinylester? Was ist Gewebe, Matte oder Roving? Sie werden die Antworten im vierten Abschnitt finden. Mit diesem Materialverständnis, geführt durch klare Illustrationen sind Sie gerüstet, auch für komplizierte Reparaturen. Im fünften Kapitel zeigen wir Ihnen, wie man delaminierte Sandwichdecks restauriert. Im Kapitel 6 geht's um Rumpfreparaturen, Beseitigungen von Osmose-Blasen und eine Rekonstruktion bei schweren Beschädigungen. Im Teil 7 werden Ruder- und Kielprobleme abgehandelt.
Wenn alte Holzboote eine professionelle Reparatur erfahren sollen, dann braucht man Fachleute mit jahrelanger Erfahrung. Nicht so unbedingt bei GFK-Booten. Probieren Sie es, es gibt keine Reparatur, die ein motivierter, umsichtiger Eigner nicht ausführen könnte, auch wenn es etwas länger dauert als beim Profi.
Ein wichtiger Hinweis: Wir geben in diesem Buch wichtige Tips und Ratschläge, nach bestem Wissen und Gewissen. Diese Anleitung schließt aber nicht die einschlägigen, nationalen Sicherheitsregeln und Unfallverhütungsvorschriften aus. Auch sind die Herstellerangaben für die verwendeten Materialien stets übergeordnet. Beachten Sie bitte auch die Regeln der CE-Norm (Europa-Norm) für den Boots- und Yachtbau.

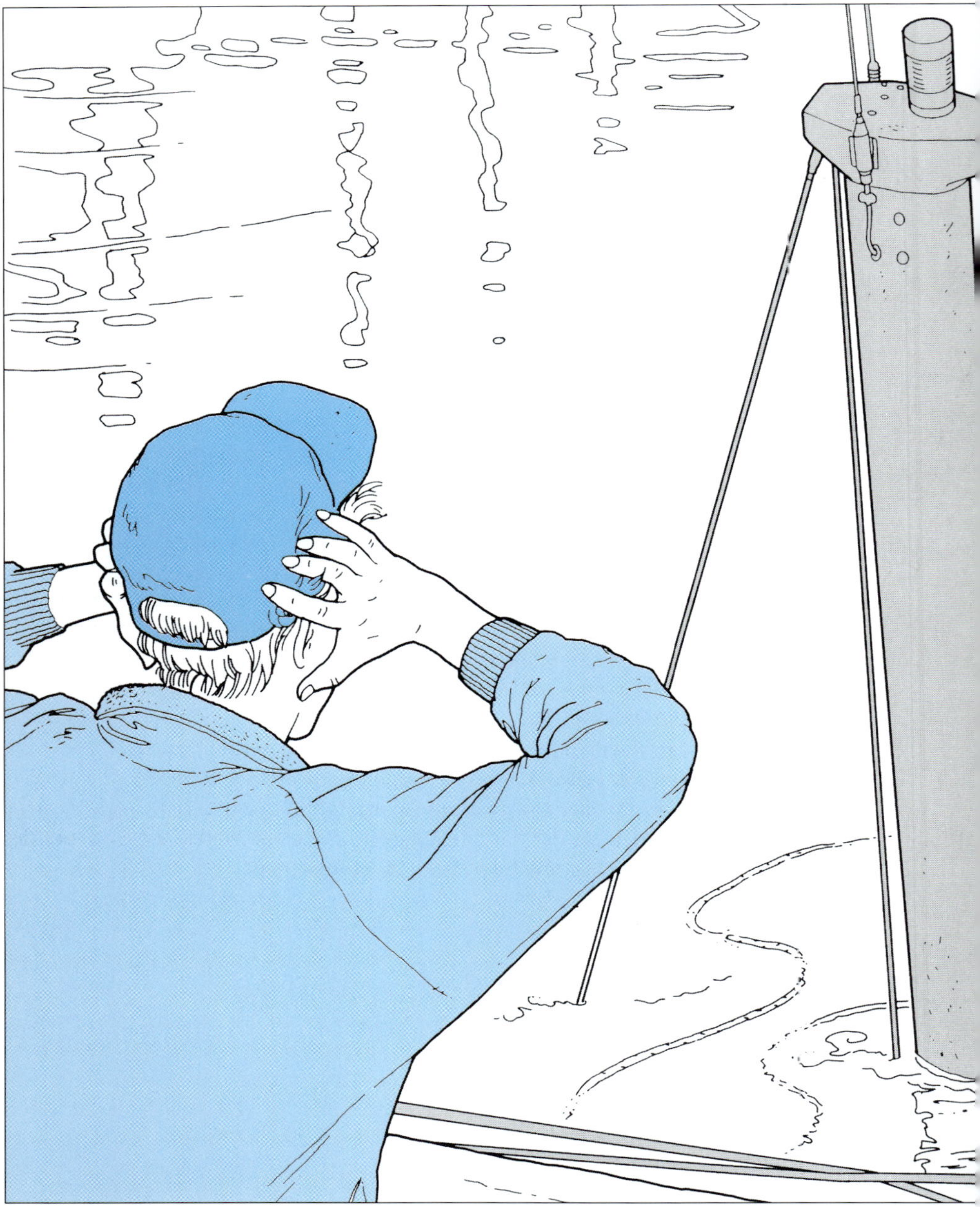

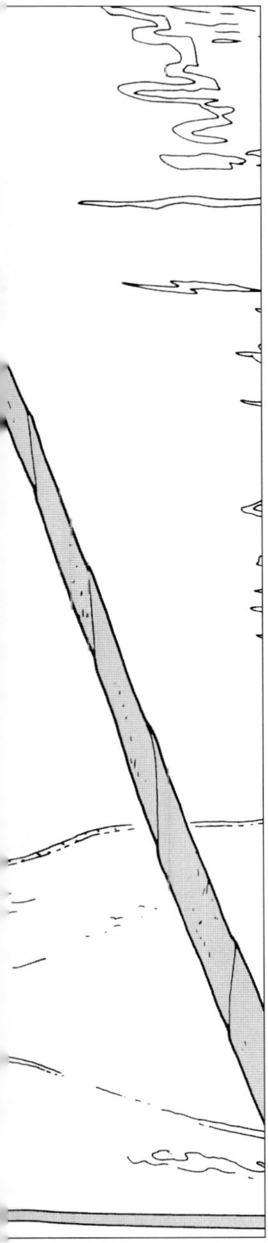

Lecks

Lecks sind heimtückisch. Ein kleines Leck, das Monate oder gar Jahre unbehandelt blieb, kann leicht dazu führen, daß Reparaturen im Tausend-Mark-Bereich folgen. Oder es verlangt unzählige Stunden, um es selbst zu reparieren.

Das sind die offensichtlichen Schäden: ruinierte Lackoberflächen unter leckenden Luken, durchfeuchtete Polster von Rinnsalen, die aus der Rumpf-Deck-Verbindung hervortraten, ein verdorbener Salonboden durch einen mysteriösen Wassereinbruch.

So wichtig diese Vorfälle sind, es sind noch kleine Fische. Die größte Gefahr lauert in Sandwichdecks, wenn sie lecken – man sieht nichts, bevor der Schaden angerichtet ist.

Die meisten laminierten Kunststoffdecks bestehen aus einer Sandwichkonstruktion, die eine Mittellage aus Sperrholz, (seltener) Hartschaum oder Balsaholz hat. Wenn Wasser zwischen Schaum und Laminatflächen tritt, kann es zu Ablösungen kommen. (Geschlossenporiger Schaum, der sich nicht vollsaugt, ist aber ebenso durch Ablösung gefährdet.) Diese Ablösung schwächt das Deck erheblich. Dieser Delaminiervorgang wird beschleunigt, wenn das eingeschlossene Wasser gefrieren (sich ausdehnen) kann. Das Wasser im Schaumdeck kann nicht zurück. Balsaholz wird völlig durchnäßt und breiig. Sperrholz rottet bald. In beiden Fällen hilft nur eine Lösung – Aufschneiden der GFK-Haut und Erneuerung des Materials.

Nachdem Sie diesen Job das erste Mal gemacht haben und wissen, daß es mit etwas Dichtungsmasse hätte verhindert werden können, werden Sie das nächste Mal sehr schnell reagieren, wenn es um die Abdichtung von Decksbeschädigungen geht.

Auswahl der Dichtungsmasse

Sie gehen zu einem Schiffsausrüster, und da stehen sie, die vielen unterschiedlichen Kartuschen und Tuben auf Regalen und Ständern. Was gibt's da nur für unterschiedliche Fabrikate? Genau drei. Das ist es. Auf diese drei sollten Sie sich konzentrieren, und Sie sind bestens bedient.

Polysulfide

Polysulfide sind das „Schweizer-Armee-Messer" unter den Dichtungsmassen. Sie können sie immer und für alles verwenden. Polysulfide sind synthetische Gummis mit besonders hoher Klebkraft. Sie sind gut für die Einbettung von Beschlägen und Verbindungen, die Belastungen und Temperaturschwankungen aushalten müssen.

Polysulfid ist auch deshalb ein exzellentes Verbindungsmittel, weil es nach dem Abbinden geschliffen und übergestrichen werden kann. Benutzen Sie Polysulfide für alles – außer für Plastik (Thermoplaste). Polysulfide halten auch auf Plastik, aber die Bestandteile verändern einige Plastikstoffe – sie werden hart und brüchig. Ganz besonders sollen Plastikluken nicht mit Polysulfid eingesetzt werden, ebenso Plexiglas und Polycarbonate (Lexan). Benutzen Sie es nicht für Plastikbeschläge. Plastikbeschläge bestehen generell aus ABS oder PVC, und Polysulfid greift beides an. Andere Kunststoffbeschläge aus Epoxyd, Nylon oder Delrin können mit Polysulfiden gebettet werden.

Die schwarze Vergußmasse zwischen den Teakstäben besteht übrigens aus Polysulfid. Hierfür nimmt man am besten Zweikomponeneten-Polysulfid. Polysulfid verbindet sich gut mit Teak – besonders, wenn man einen Primer vorher aufträgt. Außerdem ist es beständig gegen Teakreiniger und eignet sich darüber hinaus für die Befestigung von Teak-Scheuerleisten. Polysulfide benötigen die längste Zeit zum Abbinden, oftmals bis zu einer Woche, um die beste Wirkung zu erzielen.

Polyurethane

Polyurethan ist die „Bulldogge" unter den Dichtungsmassen – einmal festgebissen, läßt sie nicht mehr los! Polyurethan hat eine ganz enorme Klebkraft, was einmal verbunden wird, soll dauerhaft zusammenbleiben. Ist da irgend etwas, was Sie später einmal wieder trennen wollen, dann verwenden Sie nicht diesen Kunststoff.

Verwenden Sie Polyurethan nur überall dort, wo Sie eine dauerhafte Verbindung wünschen. Es ist die beste Masse, um eine Rumpf-Deck-Verbindung herzustellen. Es ist ebenso gut für Seeventile/Rumpfdurchbrüche und Fußrelings. Aber nicht für rohes Teak, da einige Teak-Reiniger die Verbindung aufweichen. Ebenso wie Polysulfid, soll Polyurethan nicht auf Plastik (Acryl, Polycarbonat , PVC oder ABS) eingesetzt werden.

Die Abbindezeit ist geringer als bei Polysulfid, aber manchmal bis zu einer Woche lang.

Silikon

Silikon ist das Schlangenöl unter den drei Verbindungsmassen. Aber oftmals erwartet man schon von einem Tropfen dieses Wundermittels, daß es alle Leckprobleme löst. Und es tut es so lange, bis der Verkäufer des Wundermittels außer Sicht ist. Dann verläßt den Tropfen die Haltekraft, und was mit einer Tube voll

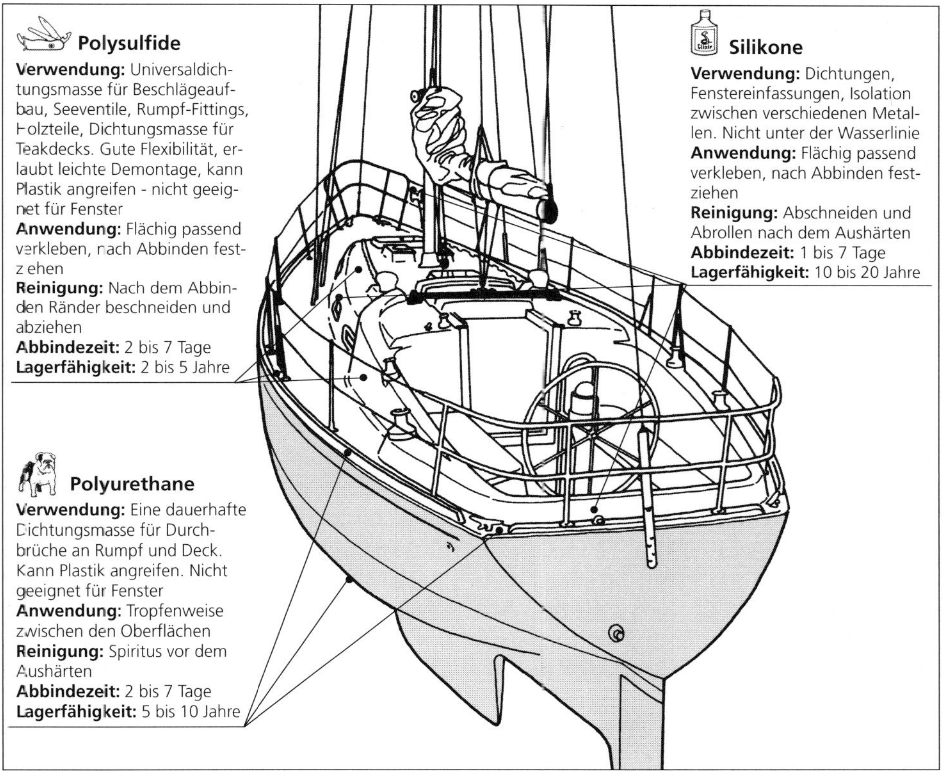

Versprechnungen begann, endet oft als baumelnder Gummiwurm. *Silikon-Dichtungsmasse ist ein Mittel für begrenzte Zeit.* Wenn man berücksichtigt, daß Silikon das beste Dichtmittel für begrenzte Zeit ist, dann finden sich viele Stellen, wo man es einsetzen kann. Es ist das einzige der drei Dichtungsmittel, mit dem man Plastik einbetten kann. Es ist ein exzellenter Isolator zwischen unterschiedlichen Metallen – benutzen Sie es zwischen rostfreiem Stahl und Aluminium. Es ist das perfekte Dichtungsmittel zwischen Komponenten, die von Zeit zu Zeit auseinander genommen werden sollen. Silikon wirkt für Dekaden und wird von den meisten Chemikalien nicht angegriffen, aber es sollte nicht unter der Wasserlinie angewendet werden, weil es mechanischen Druck benötigt, um die Dichtwirkung zu erzielen. Silikon ist auch nicht das beste Mittel, um Beschläge auf Schaum-/Sandwich-Decks zu montieren. Hervortretendes Silikon ist ein Magnet für Schmutz, aber stößt auf der anderen Seite Farbe ab. Passen Sie also auf, daß niemals Flächen mit Silikon in Verbindung kommen, die Sie später einmal streichen wollen! Silicone binden normalerweise in wenigen Minuten ab und erhalten ihre volle Wirkung in weniger als 24 Stunden.

Eine brauchbare Mischung

Es ist ein großer Vorteil, eine Dichtungsmasse zu haben, die eine große Klebkraft besitzt. Eine derartige Masse dichtet auch noch, wenn die zu befestigenden Teile hin- und hergerissen werden. Die Dichtungsmasse wird dann wie der Blasebalg zwischen den beiden Akkordeonseiten hin- und herbewegt. Dieser „Akkordeon-Effekt" ist besonders wichtig beim Einsetzen von Plastikfenstern, die nicht geschraubt, sondern nur zwischen Innen- und Außenrahmen geklemmt sind. Wenn sich die Außenhaut aufgrund von Temperaturschwankungen oder Riggspannungen hin- und herbewegt, dann kann die Dichtungsmasse diese Veränderungen ausgleichen.
Richtig angewendet (siehe „Neueinsetzen von Fenstern"), kann Silikon-Dichtungsmasse diese Bewegungen ausgleichen, aber es ist nicht leicht, ein Fenster mit einer gleich dicken Fuge aus Silikon einzubauen. Obwohl Silikon eine phantastische Elastizität besitzt, muß es aufgrund der mangelnden Klebkraft immer unter Druck eingearbeitet werden, um richtig zu dichten. Wenn die Dichtfuge an nur einer Stelle zu dünn ist, wird es früher oder später durchlecken. Polysulfid und Polyurethan würden eine verläßlichere Verbindung schaffen, aber sie greifen Plastik an.
Glücklicherweise hat irgendwo ein Chemiker, der zweifelsfrei ein Boot besaß und versuchte ein Fenster abzudichten, eine neue Mischung aus Silikon und Polyurethan „gekocht". Eingeführt von Boatlife unter dem Namen Life Seal, ist diese Masse besser geeignet als Silikon für Fenster und andere Plastikbeschläge.

Befestigung von Decksbeschlägen

Holz ist, bis zu einem gewissen Grad, selbstabdichtend; ein Leck bringt Holz zum Quellen und stoppt dadurch die Leckage. Nicht so bei GFK. Wenn eine Abdichtung zwischen dem GFK und einem Beschlag zerstört ist, rinnt das Wasser unvermindert, bis sie wieder versiegelt wird.
Die Abdichtung kann zerstört sein durch Druck, durch Verrottung oder durch Temperaturunterschiede. Druck auf eine Seerelingstütze kann zur Zerstörung der Dichtung unter dem Fuß führen. Sonnenlicht und Chemikalien zerstören Dichtungen. Bei kaltem Wetter kann sich das Deck buchstäblich zusammenziehen und vom Beschlag ablösen.
Mindestens einmal im Jahr sollte jede Abdichtung sorgsam untersucht werden – und bei jeder Fehlererkennung sollte die Schadstelle geöffnet, gereinigt und wieder versiegelt werden.

1 Legen Sie sich alles benötigte Material zurecht. Wenn Sie eine Kartusche verwenden – das ist vorteilhaft, wenn Sie eine Anzahl von Abdichtungen herstellen wollen – benutzen Sie eine Handpresse. Halten Sie Tape und Lösungsmittel bereit, um herausquellendes Material zu beseitigen.

2 Entfernen Sie den Beschlag. Dies ist gewöhnlich der härteste Teil des Jobs, denn entweder ist der Zugang zur Verschraubung erschwert, oder die Verschraubung selbst ist verhärtet. Um zum Erfolg zu kommen, müssen die Innenschale oder auch Einbauten entfernt werden – aber versuchen Sie niemals mit einer Naht aus Dichtungsmittel von außen um den Beschlag herum das Leck zu beheben. Wenn man schon die Beschläge entfernt, kann man auch eine eventuelle Deckssanierung vorbereiten.

Wenn Holzbeschläge mit Schrauben befestigt sind, dann müssen zunächst die Pfropfen entfernt werden. Dies kann man dadurch erreichen, daß man zunächst ein kleines Loch in den Propfen bohrt und dann eine Schraube hineindreht. Wenn die Spitze der Schraube auf die Befestigungsschraube trifft, langsam weiterdrehen, bis der Propfen herausrutscht. Leider kann es bei dieser Methode manchmal zu Beschädigungen an den Bohrungsflanken kommen. Eine sichere Methode: Sie bohren den Propfen mit einem etwas dünneren Bohrer aus, so daß aber vom Propfen noch eine kleine Hülse stehen bleibt. Diese können Sie dann mit einer Klinge vorsichtig entfernen.

Wenn der Beschlag in Polyurethan gebettet war, dann zeigt das Lösen der Schrauben noch wenig Effekt. Erwärmen – besonders bei Metallbeschlägen – kann aber dazu führen, daß das Polyurethan nachgibt.

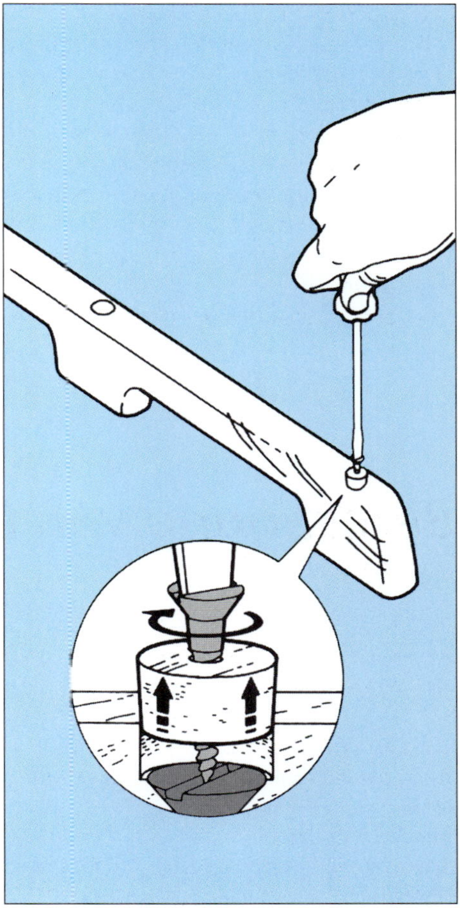

Innenschalen

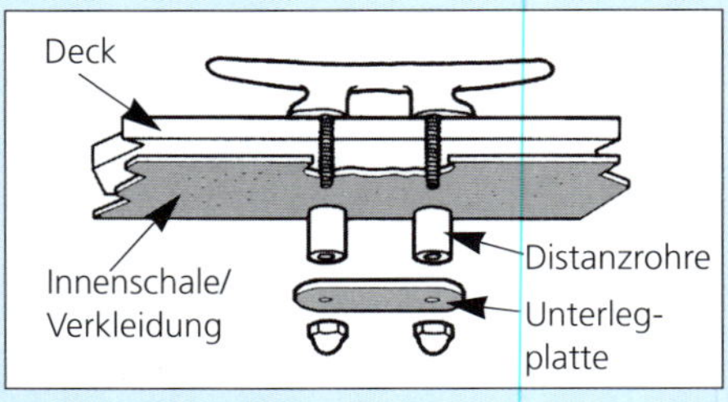

Innenschalen sind so unterschiedlich wie Yachten. Wenn die Innenschale aus GFK besteht, dann können Sie sie für gewöhnlich nicht entfernen (ohne auch das Deck zu entfernen). Vereinzelt schrauben Hersteller die Beschläge an, bevor die Innenschale eingebracht wird. Dann muß man die Innenschale in der Nähe der Verschraubungen freibohren. Wenn Sie den Beschlag wieder einsetzen, benutzen Sie Abstandshülsen und eine Unterlegplatte, die die Bohrungen wieder abdecken.

Wenn die Innenschale aus Paneelen besteht, kann man diese in der Regel abschrauben. Manchmal sind Paneele auch einfach mit Klettverschluß befestigt. Stoffbezogene Paneele aus Holz sind in der Regel geklammert. Leider kann man die Klammern oft nicht sehen, weil sie hinter der Bespannung liegen. Mit einem flachen Schraubendreher hebeln Sie die Paneele dann herunter. Beim erneuten Anklammern unbedingt Klammern aus rostfreiem Material verwenden.

3 *Entfernen Sie die alte Dichtungsmasse. Jeder Teil der alten Masse muß beseitigt werden. Benutzen Sie dazu einen Stahlspachtel, Sandpapier oder eine Drahtbürste. Anschließend Deck und Beschlag mit Azeton reinigen (entfetten).*

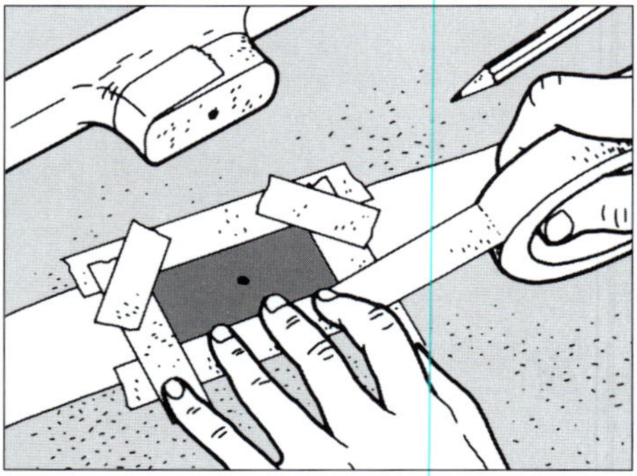

4 *Maskieren Sie die angrenzenden Flächen. Das Entfernen von hervortretender Dichtungsmasse mit Lösungsmittel ist erheblich schwieriger und schmutziger als die Abklebemethode. Trocknen Sie die Auflageflächen und markieren Sie die Konturen mit einem Bleistift. Jetzt ist es Zeit, wenn notwendig, die Auflagen zu verstärken (siehe auch unter „Decksreparaturen"). Kleben Sie die Konturen 3 mm neben der Bleistiftline ab.*

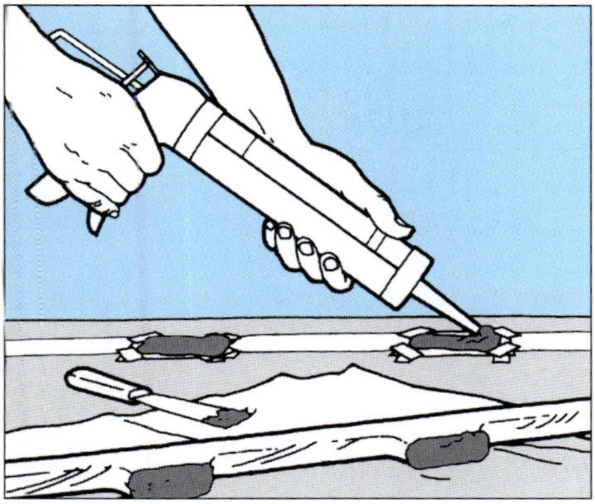

5 Bestreichen Sie beide Auflageseiten mit Dichtungsmasse. Schneiden Sie dazu die Tubenspitze im 45°-Winkel ab – dicht an der Spitze – für einen dünnen Strang. Wenn Sie große Mengen brauchen, entsprechend mehr von der Spitze abschneiden. Kartuschen haben eine Versiegelung (an der Verschraubung), die noch durchstoßen werden muß. Tragen Sie die Dichtungsmasse mit einer Vorwärtsbewegung auf. Achten Sie darauf, daß keine Lücken entstehen. Benutzen Sie ein Messer, um die Masse – wie beim Butterbrotstreichen – zu verteilen. Bevor Sie die Gewindebolzen (keine Holzschrauben) einsetzen, die Unterseite des Kopfes mit Dichtungsmasse versehen. Niemals Dichtungsmasse unter Deck von innen unter Beschläge aufbringen. Dann würde eventuell von außen eindringendes Wasser unbemerkt im Zwischendeck verbleiben und nicht ablaufen können.

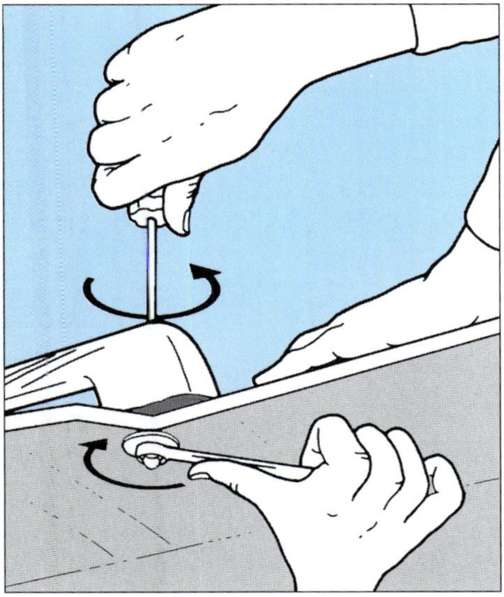

6 Ziehen Sie die Verschraubung an, bis die Masse deutlich hervortritt.

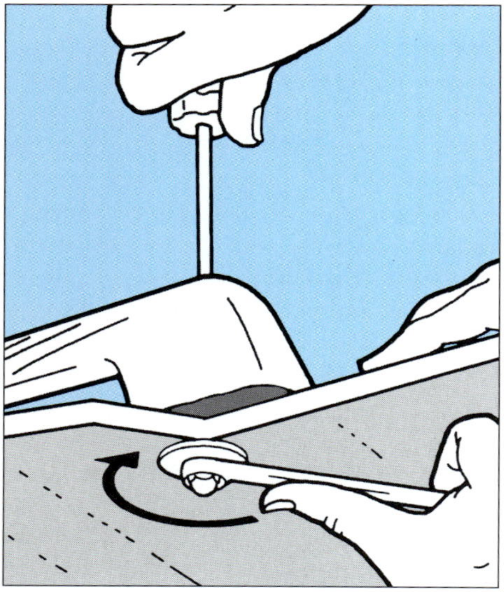

7 *Warten Sie, bis die Dichtungsmasse teilweise abbindet – 30 Minuten für Silikon, 24 Stunden für Polysulfid und Polyurethan. Dann die Verschraubung festziehen – aber nur durch Drehen der Mutter, damit die Versiegelung um den Bolzen herum nicht abreißt. Wenn alle Schrauben eingesetzt sind, von Zeit zu Zeit nachziehen. Versiegeln Sie die Schraubenköpfe nacheinander.*

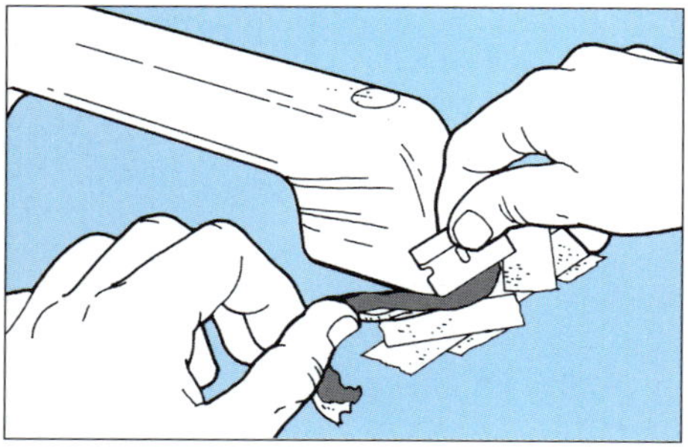

8 *Mit einer Rasierklinge (oder Cutter) schneiden Sie die überstehende Masse frei und heben den Strang ab. Lassen Sie keine Reste an den Rändern stehen. Silikon zieht Schmutz an, Polyurethan wird gelb, und Polysulfide werden in der Sonne weich. Alles, was noch erkennbar bleiben soll, ist die dünne Schicht zwischen Deck und Beschlag. Zum Schluß neue Pfropfen einsetzen, nach Farbe und Maserung ausgesucht, mit Lack einschlagen. Kopf planschleifen.*

Präparieren eines Schaumsandwiches für neue Beschläge

So gut Marine-Dichtmittel auch sind, Sie sollten sich niemals darauf verlassen, daß sie für immer Wasser aus dem Sandwich verbannen. Immer wenn Sie ein Loch bohren oder schneiden, füllen Sie den Hohlraum mit Epoxydharz aus, bevor Sie einen Beschlag montieren. Wenn Sie zum ersten Male eine Dichtung erneuern, vergewissern Sie sich, daß der Schaum bisher nicht feucht geworden ist, oder befolgen Sie die untenstehende Beschreibung.

1 *Bohren Sie generell alle Befestigungslöcher etwas größer als die Bolzendurchmesser. Bohrungen für Seeventile müssen dagegen nicht größer ausfallen (hier ist der Flansch die Dichtfläche).*

2 *Entfernen Sie den Schaum unter Deck. Sie können dies leicht mit einem gebogenen Nagel machen, den Sie in einer Bohrmaschine rotieren lassen. Der zerkleinerte Schaum fällt nach unten heraus, zurückbleibende Reste wirken als „Füller".*

3 *Füllen Sie den Hohlraum mit Epoxyd. Der sicherste Weg ist die Zwei-Schritt-Methode: zunächst das Loch unter Deck mit Tape verschließen.*

Dann unangedicktes Epoxyd von oben einfüllen. Dann das Epoxyd unten wieder ablaufen lassen, im Behälter auffangen, nun erst mit Dickungsmittel (Fasern, Mikroballoons) anreichern und schließlich im zweiten Schritt Loch mit Tape wieder versiegeln und erneut von oben einfüllen. Auf diese Weise erhält man eine optimale Verbindung zum Decksmaterial. Nacheinander alle Löcher auf diese Weise bearbeiten.

4 *Abschließend das Loch durch das ausgehärtete Epoxydharz bohren. Die Auflageflächen für das Pütting oder den Beschlag schleifen und säubern. Jetzt sind Sie fertig für die Montage des Beschlages, wie in den folgenden Abschnitten beschrieben.*

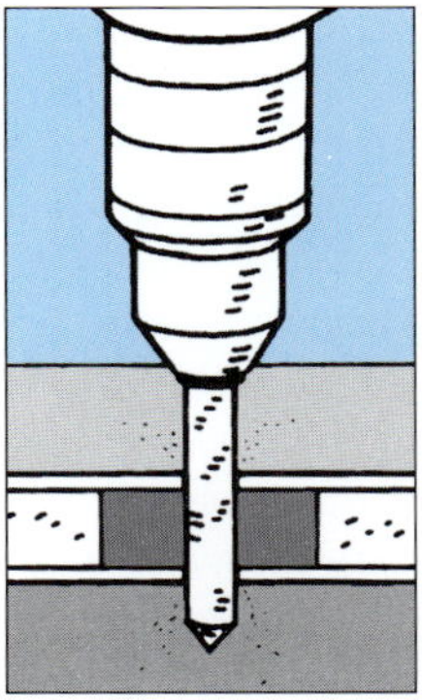

Abdichten von Püttings

Wenn Wasser den Weg nach unten findet, dann ist oftmals die Abdeckung des Püttings die Ursache. Daß Püttings lecken, ist eigentlich unverständlich, werden sie doch mit großem Druck angezogen. Doch eines Tages, wenn das tausendfache Wechselspiel der Kräfte zwischen Luv und Lee lange genug gespielt hat, gibt auch das beste Dichtungsmittel nach. Außerdem werden Püttings nicht nur beim Segeln in ihrer eigentlichen Zugrichtung stark beansprucht: Durch Hin- und Herbewegungen – zum Beispiel durch Festhalten beim Anbordgehen – werden die Püttings auch stark seitlich belastet. Dann kann schließlich der Regen oder das Spritzwasser ungehindert seinen Weg unter Deck finden. So ärgerlich eine mögliche Leckstelle auch ist, die wahre Gefahr geht von einem Pütting aus, das augenscheinlich trocken ist. Die Gefahr ist für gewöhnlich nicht das Deck. Die meisten Bootsbauer wissen, daß man keine Öffnungen im Sandwichbereich haben sollte (aber Sie sollten Ihren eigenen Beschlag überprüfen).

Das Rigg ist das Risiko. Wenn die Dichtung am Pütting leckt, dann kann Wasser stehen bleiben und die Materialien angreifen, ohne daß es die Kabine erreicht. Trotz der Korrosionsbeständigkeit des Stahles wird diese Situation auf Dauer dem Beschlag heftig Schaden zufügen. Die Erosion geschieht durch Deck und Dichtungsmasse, und der einzige Weg der Kontrolle führt – möglichst vor einer Katastrophe – über den Ausbau. Wenn Sie noch nie Ihre Püttings untersucht haben, oder es schon Jahre her ist, dann sollten Sie es jetzt tun, bevor Sie eine neue Abdichtung vornehmen.

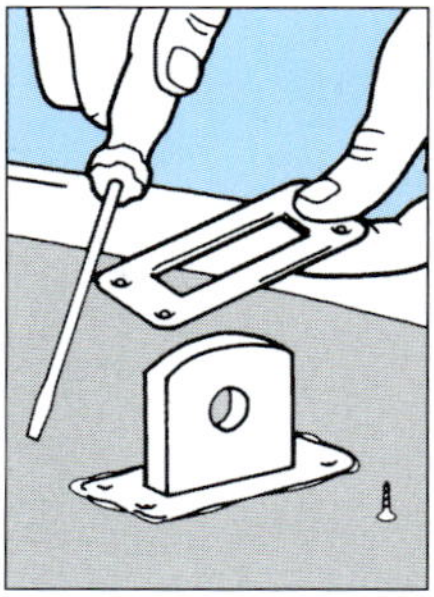

1 *Enfernen Sie die Abdeckplatte – sofern vorhanden. Durch vorherige Demontage der Wantenspanner und der Bolzen wird die Reparatur natürlich viel einfacher. Wenn diese Arbeiten mit stehendem Mast durchgeführt werden müssen, immer nur ein Pütting lösen und den Mast entsprechend sichern!*

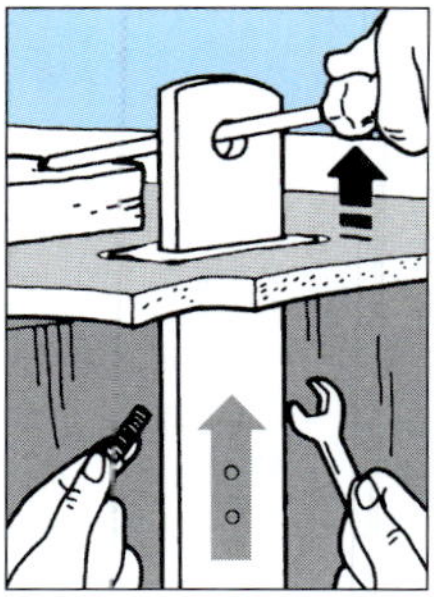

2 *Lösen Sie die Befestigungsbolzen unter Deck und ziehen Sie das Pütting nach oben heraus. Es ist nur notwendig das Pütting zu ziehen, wenn Sie eine Sichtkontrolle durchführen müssen. Wenn es sich nicht leicht herausziehen läßt, stekken Sie einen Schraubendreher durch die Bohrung und hebeln Sie den Beschlag nach oben.*

3 Entfernen Sie alle Reste der alten Dichtmasse. Ein Stück einer Metallsäge kann dabei hilfreich sein, seien Sie aber vorsichtig, daß der Durchbruch nicht unnötig vergrößert wird. Je enger das Rüsteisen sitzt, desto weniger arbeitet es und desto länger hält die Dichtungsmasse. Untersuchen Sie das Pütting in der Dichtungsebene besonders genau. Feine Risse, braune Verfärbungen empfehlen einen sofortigen Austausch. Säubern Sie das Pütting, das Deck und das Abdeckblech mit Azeton.

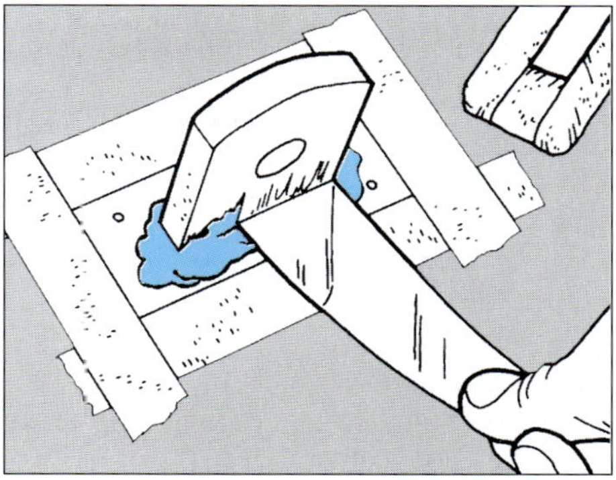

4 Installieren Sie das Pütting. Dann Abdeckplatte auflegen und mit einem Bleistift Konturen nachziehen. Jetzt das Deck abkleben und die Oberseite der Abdeckplatte ebenfalls „eintapen". Gießen Sie jetzt den Spalt um das Pütting mit Polysulfid voll. Vermeiden Sie Lufteinschlüsse. Mit einer Klinge drücken Sie die Dichtmasse herunter. Zum Schluß das Deck und die Blechunterseite einstreichen.

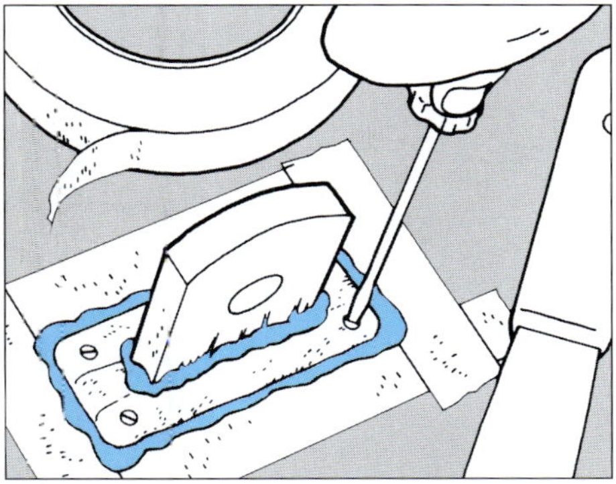

5 Abdeckblech aufsetzen und die Schrauben eindrehen. Weil die Schrauben in der Regel sehr klein sind, sollte man sie mit flüssiger Schraubensicherung eindrehen. Die Dichtmasse sollte beim Anziehen deutlich hervorquellen.

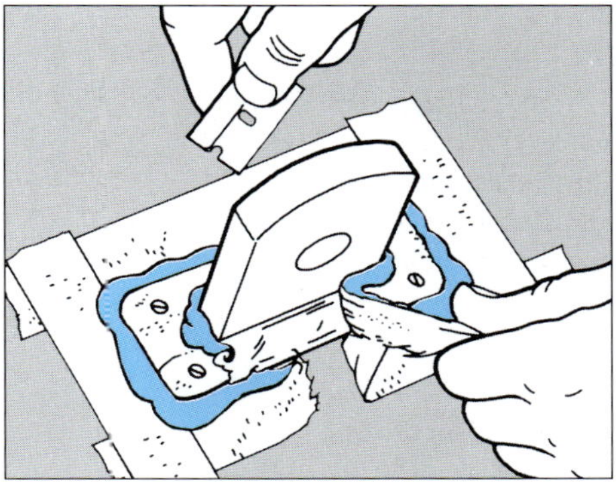

6 Wenn die Dichtungsmasse abgebunden hat, mit einer Klinge den Rand freischneiden und mit dem Tape abziehen.

Abdichten von Luken – eine vorübergehende Lösung

Wenn sich in einem Luk oder Fenster ein Leck abzeichnet, sollten Sie es sofort dichten. Aber es kann sein, daß Sie 500 Meilen vom Hafen entfernt sind, und da ist es keine gute Idee, das Fenster zu wechseln. Oder Sie gehen in drei Wochen ins Winterlager. Oder Sie haben gerade keine Zeit zum Fensterwechseln. Sie können jetzt natürlich das Fenster lecken lassen, aber besser ist eine vorübergehende Reparatur.

__1__ Reinigen Sie den Fenster-Innenrahmen und die Scheibe sorgfältig mit Alkohol, um alles Fett und Öl zu beseitigen. Niemals Azeton oder aggressive Lösungsmittel für Plastikfenster verwenden.

__2__ Kleben Sie die Scheibe und den Rahmen sauber ab – einen 3 mm breiten Spalt lassen.

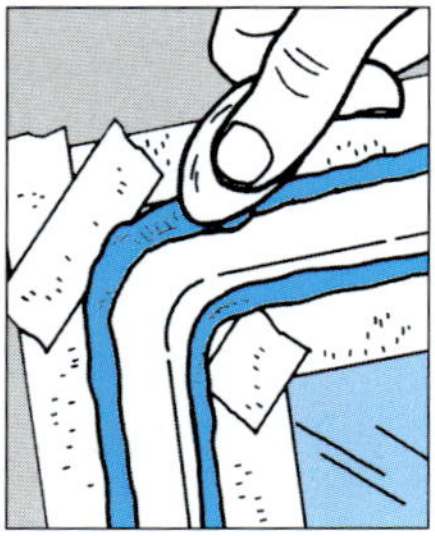

__3__ Drücken Sie eine dünne Silikonraupe in die Ecken von Fenster und Rahmen. Mit einem kleinen Plastikplättchen glätten Sie die Nahtstellen zwischen Rahmen und Fenster.

__4__ Lassen Sie das Silikon etwa 30 Minuten trocknen und ziehen Sie dann das Tape vorsichtig ab. Das Silikon wird das Fenster für Wochen oder Monate schützen – je nach Zustand und Umständen. Wenn es Zeit wird, die Arbeit ordentlich auszuführen, heben Sie eine Ecke der Silikonnaht an und ziehen Sie sie vollständig ab, es werden kaum Rückstände verbleiben – den Rest rubbeln Sie ab.

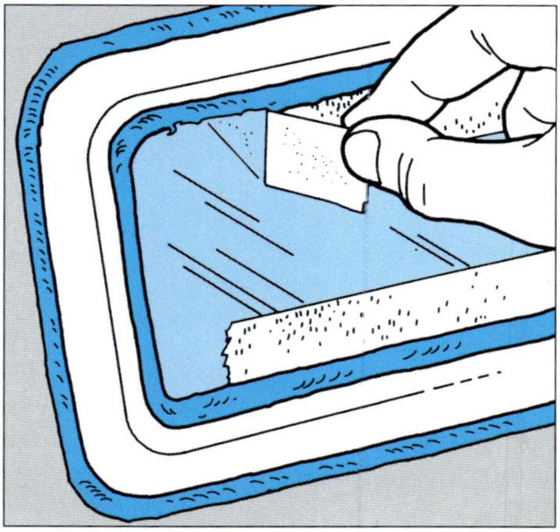

Neueinsetzen von Fenstern

Fenster werden neu eingesetzt, wie jeder andere Beschlag auch – durch Ausbau, Beseitigung der alten Dichtungsmasse, Einstreichen der Innen- und Außenseite mit neuer Dichtungsmasse, Einpassen der Befestigungselemente und dann Anziehen der Schrauben, wenn die Dichtungsmasse angezogen hat. Benutzen Sie Polysulfid, wenn die Rahmen aus Metall sind und Silikon (Silikon-Hybrid), wenn die Rahmen aus Plastik bestehen.

1 Demontieren Sie das Fenster. Das Fensterglas ist üblicherweise zwischen Innen- und Außenrahmen geklemmt und mit Schrauben gesichert. Entweder mit selbstschneidenden Schrauben oder mit Maschinenschrauben.
Achtung: Sie könnten einen Gummidichtring zwischen dem inneren Rahmen und der Scheibe finden – dies ist keine Dichtung – dies ist ein Distanzstück. Bootshersteller installieren oft Acrylfenster, die dünner als der Abstand zwischen den Rahmen sind, und sie füllen diese Lücke dann mit dem Gummidistanzring auf. Beim Wiedereinbau wird der Gummiring benötigt. Ist er hart oder verrottet, schneiden Sie einen neuen. Benutzen Sie kein zu weiches Material – das Fenster könnte dann eingedrückt werden. Der beste Weg der Reparatur: Sie verwenden eine dickere Scheibe und verzichten dann auf den Distanzring (siehe nächsten Abschnitt).

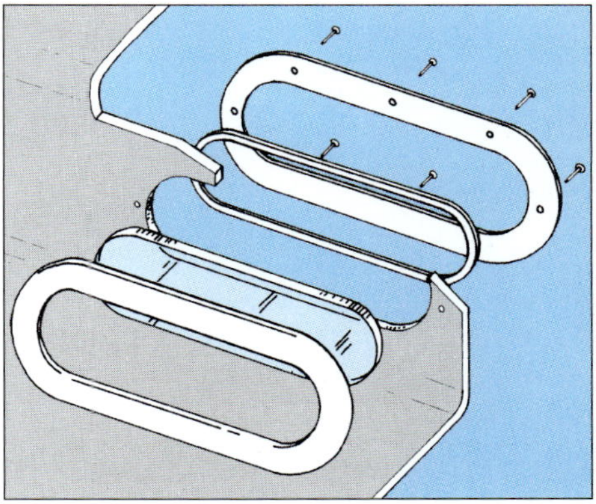

2 Entfernen Sie alle Reste der alten Dichtungsmasse und reinigen Sie die Flächen mit Spiritus. Überprüfen Sie die Kanten des Ausschnittes von der Kajütinnenseite. Wenn der Sandwichschaum nicht mehr vollständig vorhanden ist, verfüllen Sie die Hohlräume mit angedicktem Polyester und bohren Sie nach dem Aushärten die Löcher nach.

3 Setzen Sie die Teile wieder ein, markieren Sie die Konturen und kleben Sie die Flächen ab.

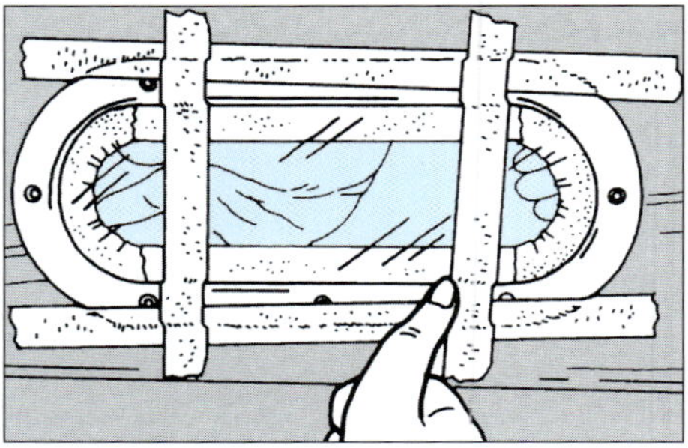

4 Befestigen Sie den Innenring mit Tape und setzen Sie dann die Scheibe (auf Abstand achten) mit dem Distanzring ein. Mehrere Streifen mit Tape halten die Teile exakt in Position.

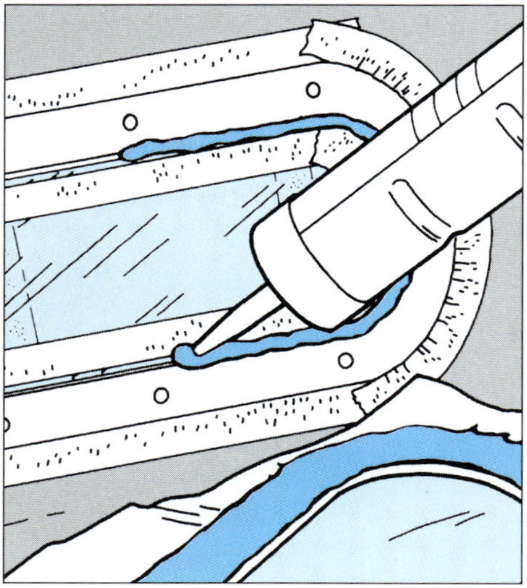

5 Verfüllen Sie jetzt von außen die Lücke zwischen Fenster und Fensterausschnitt mit Silikon-Dichtungsmasse. Tragen Sie eine „Raupe" aus Dichtmasse auf, die die Naht gut überlappt, streichen Sie die Nahtstelle mit einer Klinge eben.

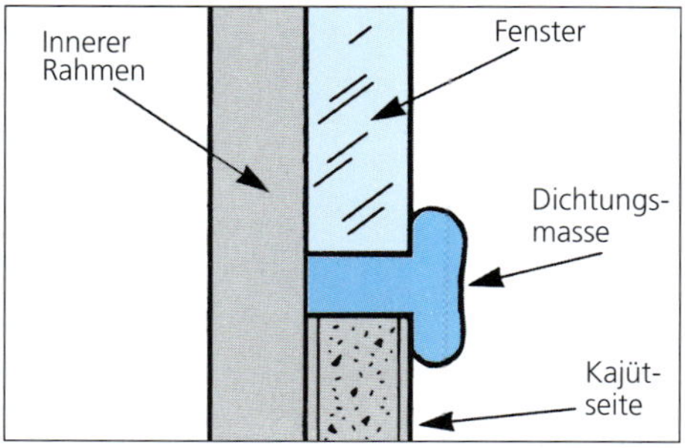

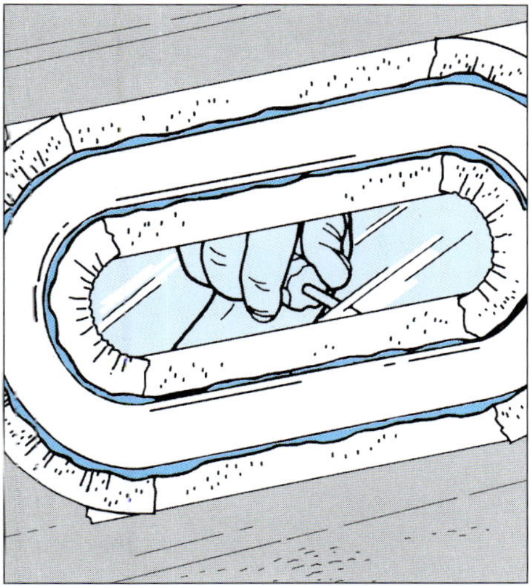

6 Die Innenseite des äußeren Rahmens einstreichen und auflegen. Die Schrauben einsetzen und langsam anziehen, bis an allen Kanten gleichmäßig die Dichtungsmasse hervortritt. Wenn die Rahmen durchgebolzt sind, vergessen Sie nicht die Muttern abzudichten.

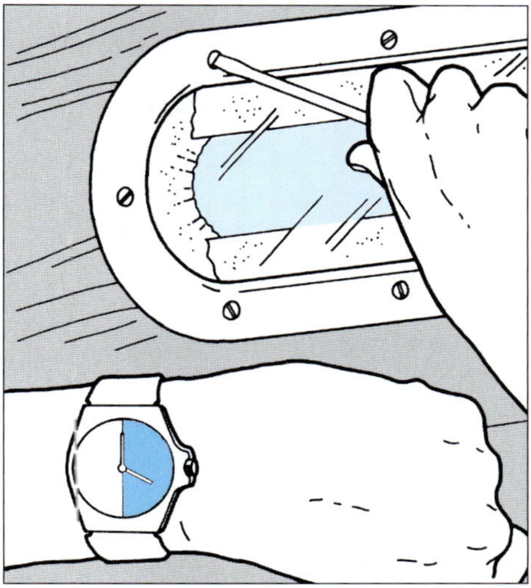

7 Lassen Sie das Silikon 30 Minuten anziehen, dann drehen Sie die Schrauben fest.

8 Schneiden Sie mit einer Klinge die Dichtungsmasse frei und ziehen Sie das Tape ab.

Erneuerung von Fenstern

Alte Acrylfenster werden zerkratzt, bekommen Schlieren und nach und nach – ehe man sich versieht – sind sie undurchsichtig.
Der Austausch von Fensterscheiben ist leicht und nicht teuer. Sie werden erstaunt sein, welchen Unterschied Sie bekommen – sowohl im Aussehen des Bootes als auch in der Durchsicht.

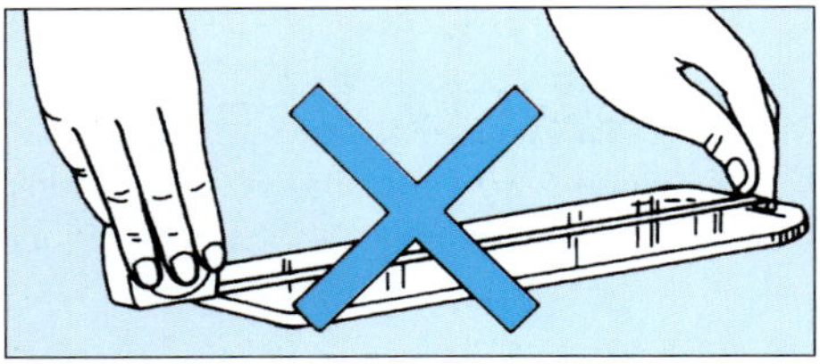

__1__ Messen Sie den Ausschnitt. Kopieren Sie nicht einfach die alten Fenstermaße. Montieren Sie den inneren und äußeren Rahmen und messen Sie den Abstand zwischen den Rahmen. Damit haben Sie die korrekte Scheibendicke – vielleicht einen Hauch dünner – zum Bewegungsausgleich.
Die Verwendung einer Gummidichtung zum Überbrücken der Dickendistanz ist ein schlechter Kompromiß.

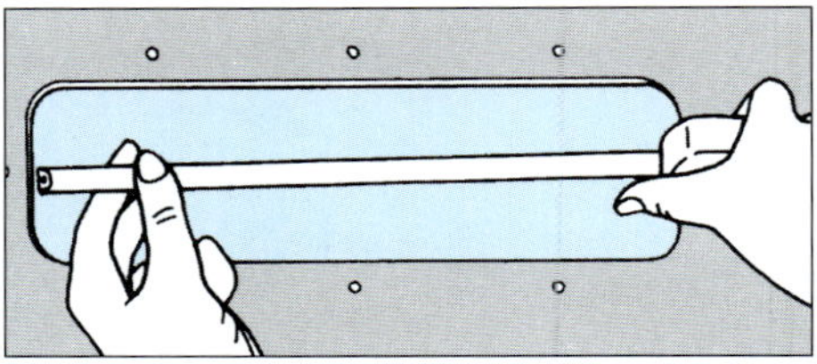

Schauen Sie sich an, wie das alte Fenster den Ausschnitt ausfüllt. Oftmals sind die Eckenradien vom Ausschnitt und vom Fenster sehr unterschiedlich und es entsteht eine übermäßige Fuge. Die neue Scheibe sollte den Ausschnitt sauber ausfüllen (oder den Ausschnitt im Rahmen, wenn dieser einen Flansch hat). Und der Spalt um die Scheiben herum sollte etwa 2 bis 3 Millimeter betragen. Wenn die alte Scheibe nicht gut saß, schneiden Sie sich zunächst eine passende Pappschablone.

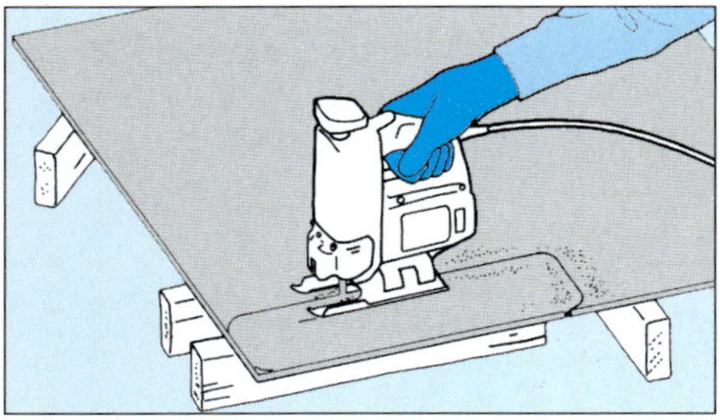

__2__ Nehmen Sie die genauen Maße oder die Pappschablone und lassen Sie sich die Scheibe zuschneiden, oder aber Sie kaufen das Material in richtiger Dicke und schneiden es selbst zu.

Acryl und Polycarbonat kann mit ganz normalem Holzwerkzeug gesägt und gebohrt werden, aber die Ecken müssen besonders geschützt werden, damit sie nicht splittern. Spezielle Plastikblätter bringen noch bessere Resultate (sie führen die Späne besser ab). Entfernen Sie nach dem Sägen die überstehenden Späne mit der Rückseite eines Sägeblattes und glätten Sie anschließend die Kanten mit einer feinen Feile oder mit Sandpapier. Es dürfen keine Einschnitte oder Kerben verbleiben, die zu einem Sprung führen könnten. Belassen Sie den Schutzfilm auf der Scheibe während des Zuschnitts und des Einbaus.

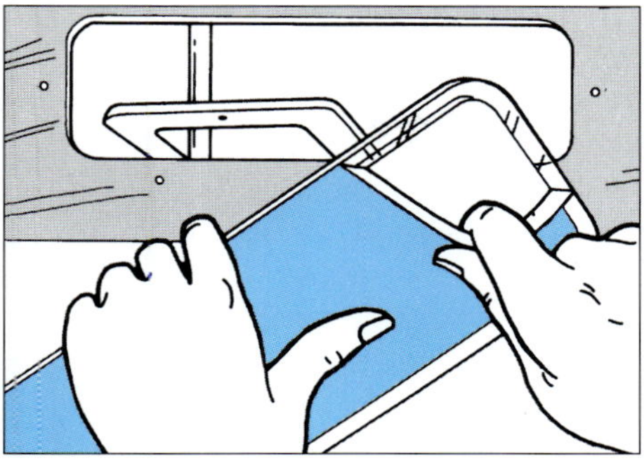

3 Setzen Sie das neue Fenster trocken ein und gehen Sie mit der Ecke einer Rasierklinge am Rand des Rahmens entlang, um die spätere Auflagefläche freizuschneiden. Demontieren Sie das Fenster wieder und ziehen Sie die Schutzfolie von dem freigeschnittenen Rand ab.

4 Montieren Sie die Scheibe wie bekannt mit Dichtungsmasse. Wenn die Dichtungsmasse abgebunden ist, mit der Klinge freischneiden, abziehen und abschließend die Folie von der Fensterfläche entfernen.

Acryl oder Polycarbonat?

Bei der Auswahl des Materials für den Ersatz von Bullaugen und Fenstern haben Sie zwei Möglichkeiten. Acryl, bekannt unter dem Handelsnamen Plexiglas, wird wahrscheinlich der Stoff sein, den Sie austauschen müssen. Die meisten Hersteller verwenden ihn, weil er relativ preiswert ist. Das könnten auch gute Gründe für Sie sein. Acryl kann aber leider auch spröde sein, und alte Fester zeigen nicht selten Rißbildungen. Die heutigen Acrylmischungen sind davon nicht so stark betroffen, doch stark verspannte Acrylscheiben sind dennoch in Gefahr. Wichtig ist die Spannweite im Fenster und der Krümmungsradius – das sind die Gefahren hinsichtlich eines Bruches.

Polycarbonat – bekannt unter dem Handelsnamen LEXAN – ist nicht einfach ein besseres Acryl. Es ist ein völlig anderer Kunststoff (Thermoplast). Es hat eine 20mal größere Widerstandsfestigkeit. Damit ist es für übergroße Fenster bestens geeignet, für kleine Fenster dagegen oft überdimensioniert. Polycarbonat ist weicher, elastischer – neigt dadurch natürlich leichter zum Verkratzen, womit auch die Lichtdurchlässigkeit schwindet. Der Preis (zirka das 2,5fache) spricht dafür, daß man es nur dann einsetzen sollte, wenn es zwingend notwendig wird. Acryl wird in den meisten Fällen reichen und bleibt länger kratzerfrei und durchsichtig.

Acryl und Polycarbonat sind auch mit Beschichtungen verfügbar, um sie kratzfester zu machen, aber sie pellen im harten Bootsbetrieb oft ab wie ein schlimmer Sonnenbrand. Entscheiden Sie sich daher für die unbehandelte Ausführung, denn verlorengegangenen Glanz können Sie mit Spezialpolitur wieder herstellen.

Beide Kunstoffarten sind mit normalen Holzwerkzeugen zu bearbeiten. Polycarbonate neigen weniger zum Splittern an der Schnittkante, achten Sie aber darauf, daß die Späne gut abfließen, damit der Schnittbereich nicht heiß wird und verschmilzt. Das Blatt nie durch zu hohen Vorschub heiß werden lassen. Schmieren Sie den Schnitt mit Bienenwachs oder Kernseife.

Feste Rahmen

Gewindebohrungen neigen zum Korrodieren (Stahlschrauben in Alu = Elektrolyse), besonders in Aluminiumrahmen, und wenn Sie die Schrauben herausdrehen, kommt das Gewinde in der Regel gleich mit. Wenn das

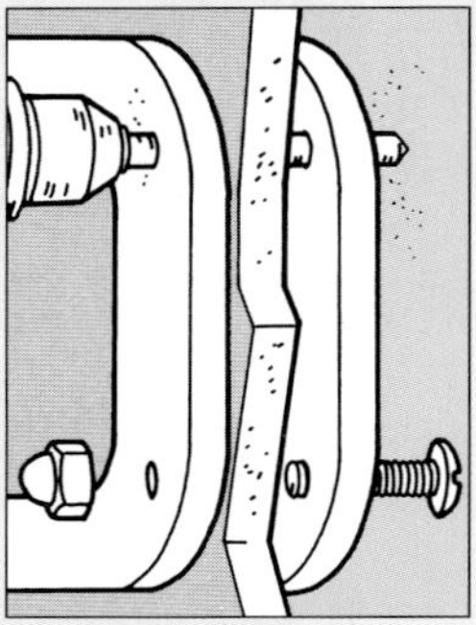

passiert, können Sie die Rahmen aber dennoch weiterverwenden. Sie bohren die Löcher größer auf und verwenden dann Durchgangschrauben. Sie können dazu Senkkopf- oder Linsenkopfschrauben verwenden (Kreuzschlitz). Manchmal sind die Rahmen auch schon derart angefressen, daß sie bei der Demontage einfach auseinanderbrechen. Dann hilft nur die Erneuerung (bei Handelsrahmen), oder Sie lassen sich von einer Fachwerkstatt nach den alten Vorlagen neue Rahmen schneiden.

Einfache Fenster sind manchmal eingefaßt wie Autofenster – einfach mit einer Gummidichtung. Manchmal haben diese Rahmen noch Metalleinlagen, um die Fenster besser zu fixieren. Diese Art Fenster sind oft auf kleinen Booten anzutreffen und nur sicher für Binnengewässer.

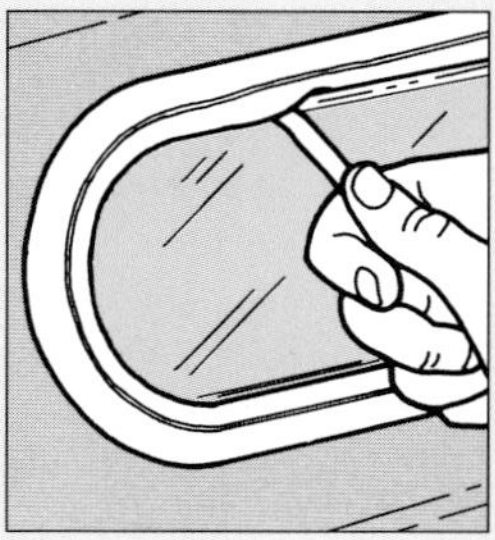

Bei der Montage eines derartigen Fensters benutzen Sie einen Holzstab und grüne Seife als Schmiermittel (ganz ähnlich wie beim Fahrradflicken). Meistens ist aber das Gummi auch schon brüchig, und Sie wechseln besser beides aus. Sollten Sie mit ihrem Boot auch auf See gehen, dann denken Sie an den enormen Wasserdruck durch Seeschlag und ersetzen Sie das Fenster mit einem festem Rahmen.

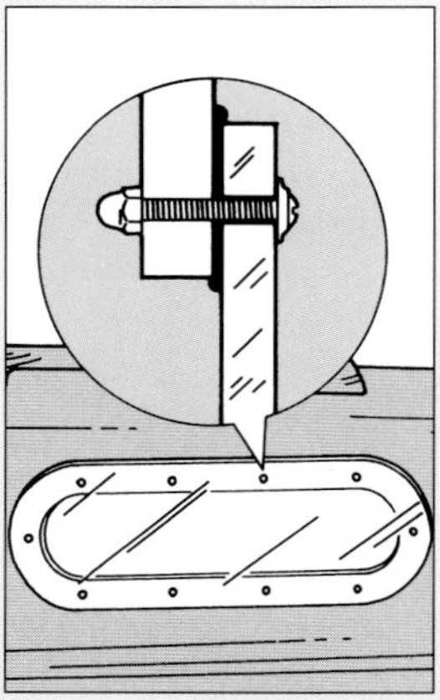

Wenn Sie eine optische Veränderung in Kauf nehmen können, dann setzen Sie die neuen Fenster einfach von außen mit Dichtungsmasse auf (von 8 mm Dickte aufwärts). Die Scheibe etwa 2 bis 3 cm überlappen lassen und von außen nach innen den Lochkreis aufbohren. Die Bohrungen etwa 2 bis 3 Millimeter größer als der Schraubendurchmesser aufbohren, damit genügend Dichtungsmasse eindringen kann und Temperaturschwankungen ausgeglichen werden können. Der Lochabstand beträgt: Scheibendickte x 10 in mm. In Bohrlöchern versenkte Schrauben können zu Problemen führen, wenn sie zu stark angezogen werden (Spannungsrisse). Bei Flachkopfschrauben mit großen Köpfen oder Unterlegscheiben ist die Gefahr dagegen geringer. Die Innenseite des Fensterdurchbruches können Sie mit einem Holzrahmen oder Umleimern optisch verschönern.

Mastfüße

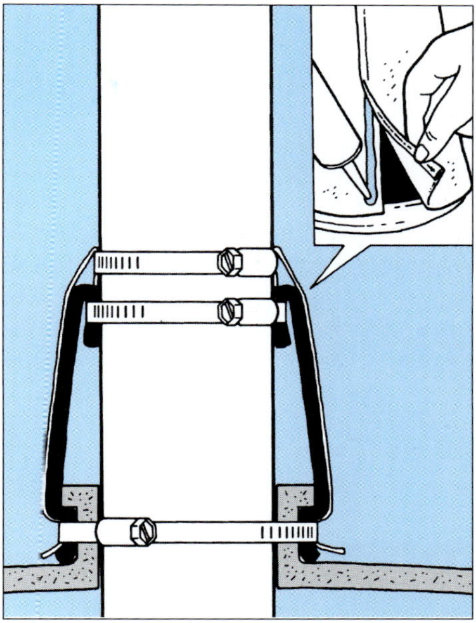

Leckagen um einen durchgesteckten Mast herum deuten auf einen defekten Mastkragen hin. Normalerweise wird ein neuer Mastkragen installiert, wenn der Mast gesetzt wird. Es gibt im Handel universal verwendbare Mastkragen, aber viel haltbarer und billiger ist ein alter Autoschlauch. Ihr nächstgelegener Reifenhändler wird einen passenden, alten Schlauch haben.

Sie krempeln das Innere nach Außen und ziehen das Schlauchstück über den Mast. Mit einer großen Schlauchschelle ziehen Sie es zusammen.

Jetzt krempeln Sie den Kragen nach unten und ziehen den Rand über die Decksdurchführung. Mit einer Schlauchschelle stellen Sie auch hier die Verbindung her. Zusätzliche Verwendung von Dichtungsmasse (Polysulfid) kann nicht schaden. Auch die Mastnut wird abschließend mit Dichtungsmasse geschlossen.

Verlängern Sie die Lebensdauer, indem Sie eine Hülle aus Persenningstoff über dem Gummikragen befestigen (UV-Schutz). Mit einer zweiten Schelle stellen Sie die obere Befestigung her. Schneiden Sie die Abdeckung auf Maß und verkleben Sie die Überlappungsnaht mit Polyurethan. Am Flansch werden Schlauchstück und Persenningstoff zusammen von einer Schlauchschelle gehalten.

Rumpf-Deck-Verbindung

Bei alten GFK-Schiffen sind Rumpf-Deck-Verbindungen oftmals ärgerliche Ursachen für Leckagen. Selten sind GFK-Boote, die nicht irgendwo entlang der Verbindung eine Silikonraupe zeigen.

Bessere Verbindungstechniken und Dichtungsmassen haben Rumpf-Deck-Verbindungen inzwischen erheblich sicherer gemacht. Und diese Verbesserungen kann man sich bei alten Schiffe zunutze machen.

Bewertung der Dichtfuge

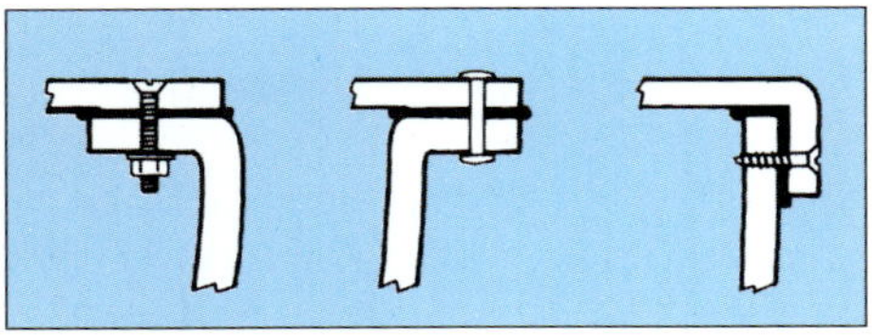

1 Die meisten geschraubten Rumpf-Deck-Verbindungen unterscheiden sich in drei Grundarten: Innenflansch, Außenflansch und Überlappung. Die beste wasserdichte Verbindung ist aber eine von innen überlaminierte Nahtstelle, doch nur wenige Yachten sind so gebaut (weil teurer). Die meisten Yachten haben die hier gezeigten Schraubverbindungen unter Verwendung von Dichtungsmasse.

2 Ein vernünftiger Zugang zur Decksverbindung erfordert zunächst die Beseitigung der Fußreling. Der Außenflansch ist dabei noch der leichteste Teil der Arbeit. Innen kommt man in manchen Fällen um den teilweisen Ausbau der Einrichtung jedoch nicht herum. In solchen komplizierten Fällen ist oftmals eine Kompromißlösung angesagt.

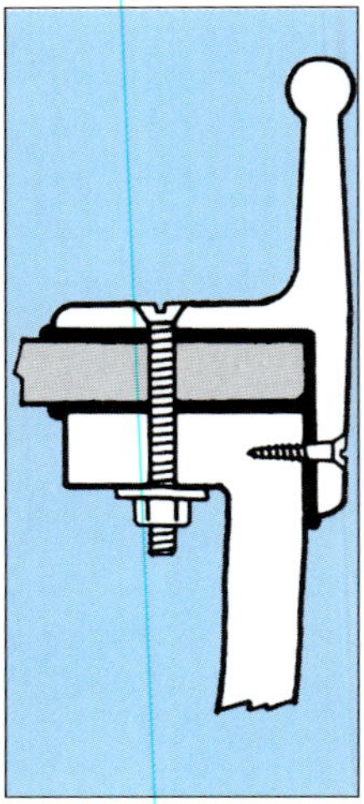

Neuabdichtung

Die Frage, wie schwer eine neue Abdichtung durchzuführen ist, hängt ganz entscheidend davon ab, wie leicht man an die Verbindungsschrauben herankommt. Die gute Nachricht ist, daß, wenn Sie die Arbeit ordentlich machen, Sie in den nächsten 20 Jahren Ruhe haben.

1 Entfernen Sie die Fußreling. Sie kann durchgebolzt sein (beste Lösung), mit selbstschneidenden Schrauben befestigt sein (weitaus schlechter) oder gar genietet sein (ganz schlecht). Hölzerne Fußrelings sind durchgebolzt oder geschraubt. Entfernen Sie die Propfen, um an die Schraubenköpfe zu gelangen. Die Muttern unter Deck sind oftmals erreichbar hinter leicht zu demontierbaren Abdeckungen (bei gutem Bootsbau).

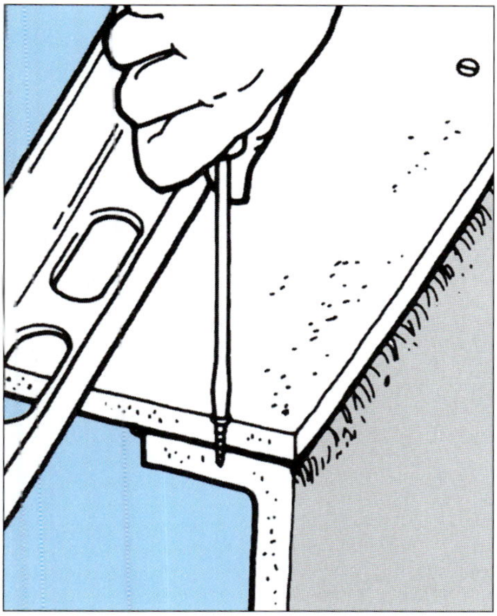

__2__ Entfernen Sie die mechanischen Verbindungsteile am Flansch. Seien Sie nicht überrascht, daß der Abstand zwischen den Verbindungselementen recht groß ist. Die Werft installiert sie nur zur Vormontage – die Hauptfestigkeit kommt mit der Anbringung der durchgebolzten Fußreling. Wenn der Flansch genietet ist: Kopf abschlagen und Schaft durchstoßen.

Laminieren
Die beste Art der Abdichtung: Sie laminieren die Nahtstelle zwischen Rumpf und Deck mit Matten über. Dies kann von innen (üblicherweise) oder von außen geschehen – abhängig von der Form der Verbindung. Die Anleitung dafür finden Sie im Abschnitt: „Laminatreparaturen".

__3__ Entfernen Sie die alten Verbindungsmittel. Frühere GFK-Boote hatten manchmal eine Verbindung aus einer ölhaltigen Dichtungsmasse, die ausgetrocknet oder geschrumpft sein kann. Für eine sichere Neuabdichtung müssen alle Verbindungsmittel restlos entfernt werden. Reinigen Sie die Flanschflächen so gut es geht mit Azeton, hebeln Sie dazu die Flanschflächen mit einem Stemmeisen so weit es geht auseinander, ohne die GFK-Oberflächen zu beschädigen.

__4__ Wenn der Flansch geöffnet ist, verfüllen Sie die Fuge mit Polyurethan. Für eine dauerhafte Abdichtung ist es wichtig, daß die Masse innerhalb und außerhalb der Lochlinie aufgetragen wird.

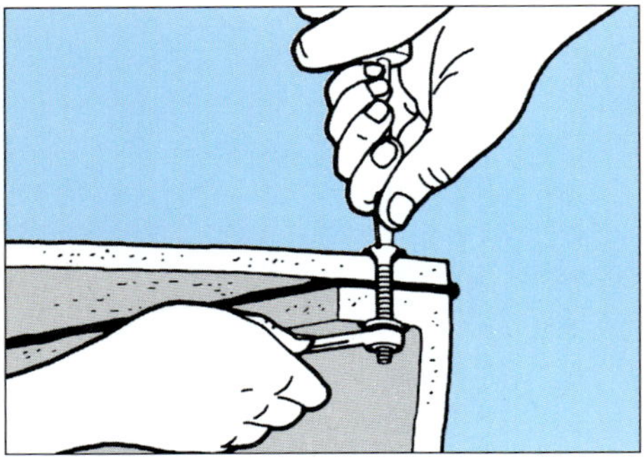

5 Befestigen Sie den Flansch wieder. Wenn's geht mit Bolzen. Wenn nicht möglich, dann nehmen Sie selbstschneidende Schrauben (keine Nieten). Auch die Schrauben immer mit Dichtmasse einsetzen.

6 Auch die Fußrelingsleiste wieder mit Dichtmasse aufschrauben. Vergessen Sie nicht die Gegenplatten oder zumindest übergroße Unterlegscheiben an der Innenseite.

Schwertkästen

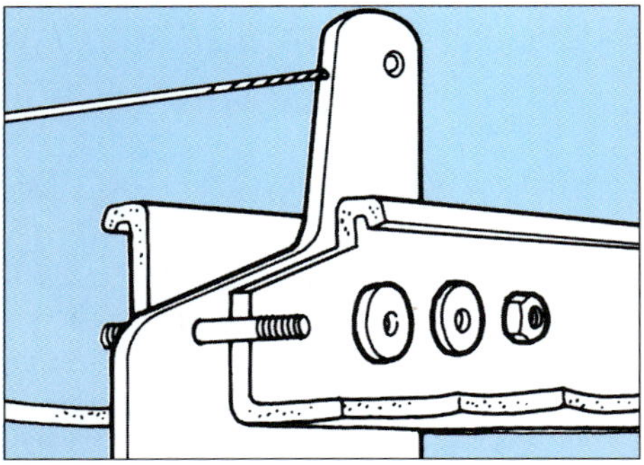

Hölzerne Schwertkästen sind notorische Leckstellen, GFK-Schwertkästen lecken hingegen selten – höchstens in der Nähe des Bolzens. Dies kann man leicht verhindern durch einen Einsatz im Schwertkasten mit einem innenliegenden Bolzen. Aber viel häufiger sind die Lagerbolzen mit Gummischeiben außerhalb des Schwertkastens abgedichtet. Wenn diese Gummis aushärten, beginnen sie zu lecken. Einfaches Anziehen der Muttern führt nicht zum Erfolg – es kann sogar den Schwertkasten zerstören. Stoppen Sie das Leck mit neuen, elastischen Unterlegscheiben. Wenn Sie den Bolzen wechseln wollen, während das Schiff im Wasser ist, kann es zu einem erheblichen Wassereinbruch kommen. Machen Sie diese Arbeit lieber auf dem Trockenen.

Vergewissern Sie sich, daß das Schwert im Kasten gut gesichert ist, bevor Sie den Bolzen ziehen – andernfalls kann das Schwert durchrauschen. Bei Kielschwertern sitzt der Bolzen für gewöhnlich im Stummelkiel. Diese Lecks können nicht mit Gummischeiben oder Dichtmasse behoben werden. (Siehe Hinweise dazu im Abschnitt „Kiel – und Ruderbeschädigungen".)

Seeventile / Borddurchlässe

Borddurchlässe leben eine lange Zeit, aber dennoch müssen sie möglicherweise, wegen Auszinkung, erneuert werden. Änderungen am Boot machen möglicherweise ein Nachrüsten erforderlich – aber ein umsichtiger Skipper hält die Zahl der Seeventile so gering wie möglich!

1 Mit einem langen Bolzen und einer großen Unterlegscheibe können Sie den alten Borddurchlaß herausziehen. Sie entfernen zunächst das Seeventil und die Überwurfmutter, dann legen Sie zwei Holzklötze von außen gegen den Rumpf, stecken den Bolzen hindurch und ziehen langsam die Spannmutter an, bis der Borddurchlaß herausrutscht.

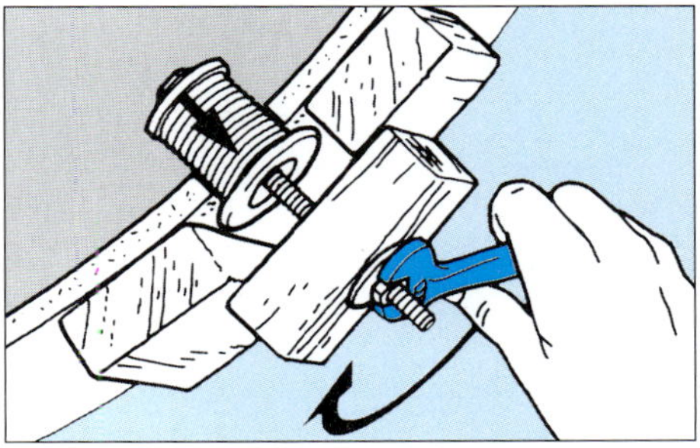

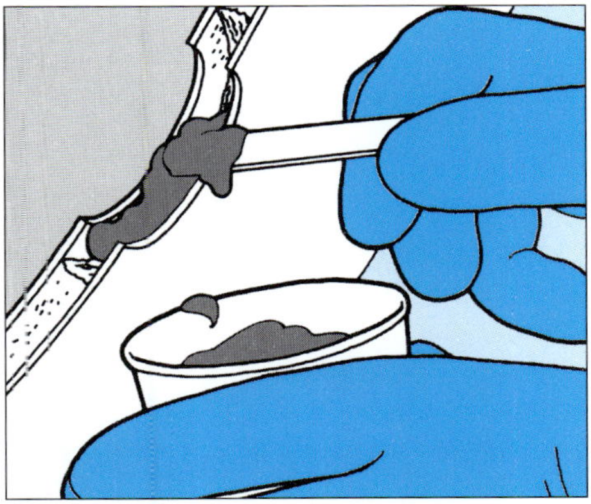

***2** Der Rumpf muß im Bereich des Seeventils massiv sein. Bei Schaum-Sandwich den Bereich so weit es geht freilegen, mindestens im Bereich des Flanschdurchmessers, und mit pastenförmig angedicktem Harz vollständig auffüllen und glattstreichen.*

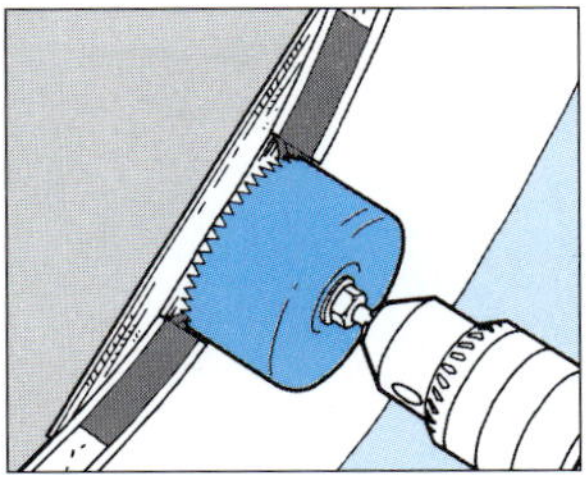

***3** Wenn man ein Seeventil an einer konkaven Stelle montieren muß (möglichst vermeiden), sollte ein Holzteil angepaßt werden, das den späteren Anpreßdruck wirkungsvoll verteilt. Am einfachsten läßt sich ein derartiger Ring aus Sperrholz durch Schleifen herstellen. Versiegeln Sie das Holzteil mit Epoxyd bevor Sie es einsetzen, oder das kleinste Leck am Seeventil wird das Holz bald zerstört haben.*

Die noch bessere Methode: Sie laminieren aus mehreren Glasringen eine „Insel", bis eine Fläche entstanden ist (siehe auch im Abschnitt „Laminatreparaturen"). Durch diese Methode erhalten Sie eine einwandfreie Auflagefläche für Flansch und Überwurfmutter. Wenn das Laminat ausgehärtet ist, bohren Sie mit einem Topfschneider von außen nach innen den Durchbruch (zirka 2 bis 4 mm größer als Nennmaß).

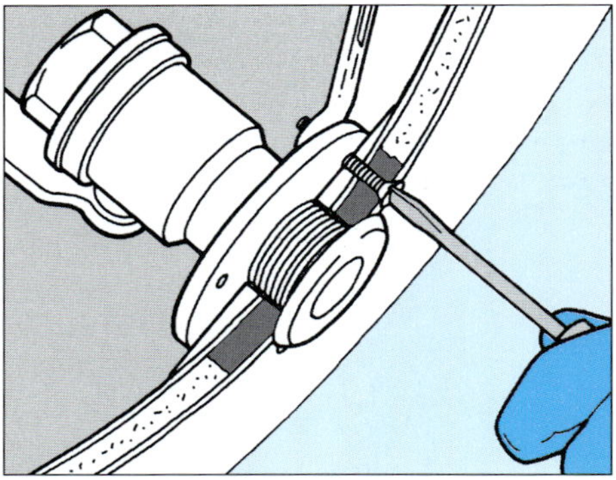

4 *Montieren Sie den Borddurchlaß und das Seeventil. Wenn der Borddurchlaß in einem Seeventil endet, wird nach amerikanischer Bauart eine Gegenplatte von innen gegen die Innenhaut gesetzt. Von außen werden die Schrauben durchgebolzt. Erst dann wird der Borddurchlaß eingedreht.*

5 *Mit einem Spezialschlüssel oder einem Flachstahl kann man den Borddurchlaß ein- oder herausdrehen. Bevor Sie ihn endgültig einsetzen, das Gewinde teilweise und den Flansch vollständig mit Polyurethan einstreichen und fest eindrehen. Deutsche Borddurchlässe haben in der Regel keine Gegenplatte innen. Sie werden von außen durchgeschoben und mit der Überwurfmutter von innen festgezogen.*

Lecksuche mit Druckluft

Manche Lecks im Salon sind ganz offensichtlich – die meisten aber leider nicht! Wasser mag durchs Deck kommen, verläuft dann etwa zwei Meter unbemerkt an der Innenschale entlang, um schließlich eine Öffnung zu finden und unbekümmert ans Tageslicht zu kommen.

Der traditionelle Weg der Lecksuche: Das Überfluten des Decks mit dem Wasserschlauch, bis das Leck sich schließlich – oder auch nicht – zeigt. Hier bieten wir Ihnen eine effektivere Methode, die etwas mehr Anstrengung erfordert, dafür aber jedes Leck sicher lokalisiert.

1 *Schließen Sie die Seeventile und Luken, Fenster, etc.*

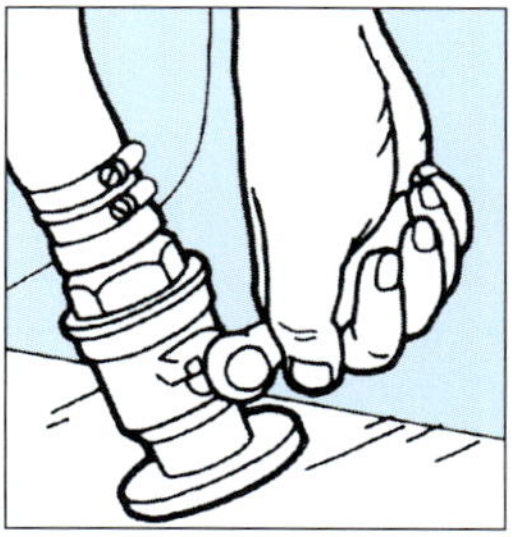

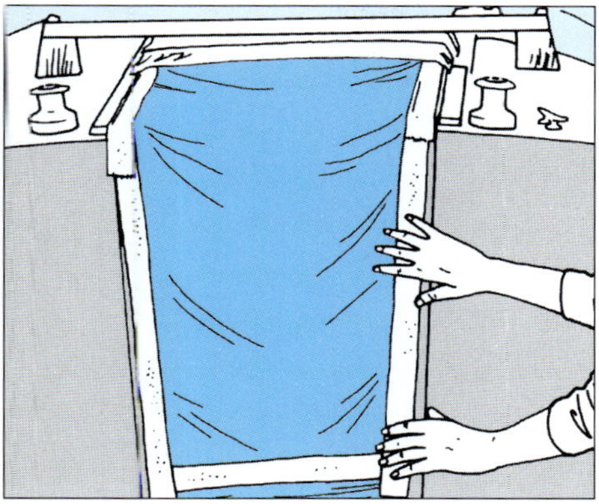

2 Mit Tape und Folie (mit einem großen Plastikmüllsack geht's auch) werden alle Öffnungen dicht verschlossen: Ventilatoren, Schiebluken, Niedergänge, Lenzschläuche, Backskistendeckel, Ankerluken etc.

3 Verbinden Sie ein kleines Gebläse (z.B. ein Laubblasgerät) mit einer Windhutze. Ein Staubsauger mit einem Schlauch auf der „verkehrten" Seite kann's auch leisten. Nach etwa fünf Minuten (abhängig von Schiffsgröße und Gebläseleistung) baut sich ein Überdruck im Schiff auf (beobachten Sie durch das Fenster das Barometer im Schiff). Mit Seifenwasser gehen Sie jetzt auf Lecksuche. Alle in Frage kommenden Stellen werden benetzt, Blasen zeigen Ihnen dann eindeutig die Leckstellen. Nach der Leckabdichtung können Sie zur Kontrolle die Prozedur wiederholen. Anmerkung: Lassen Sie Tape möglichst nicht länger als zwei Stunden haften, sonst bleiben häßliche Rückstände, die nur mühsam zu entfernen sind.

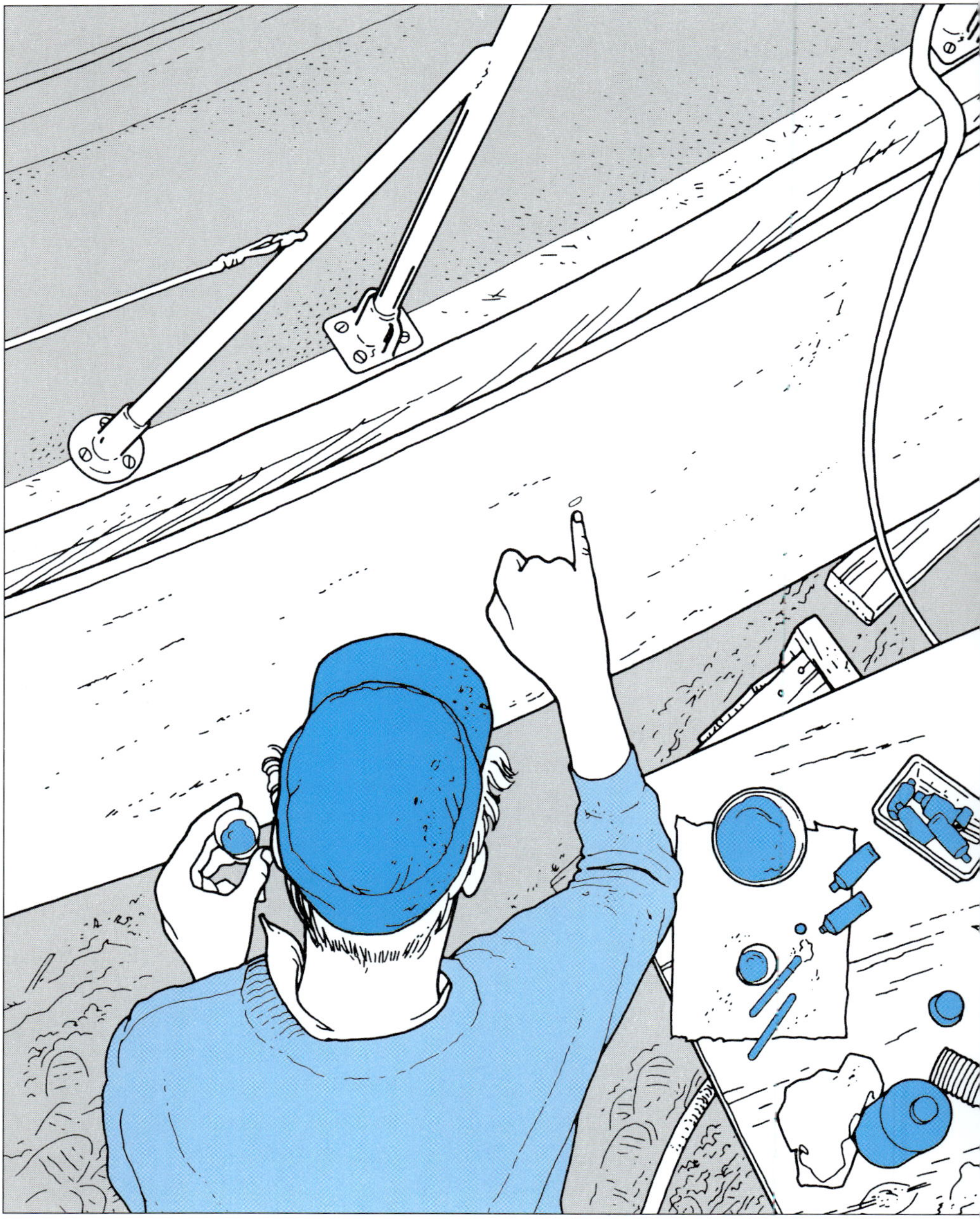

Gelcoat-Restaurierung

Gute Kunststoffserienboote werden durch das Übereinanderlegen von mehrfachen Laminatlagen in einer von einem Modellboot abgenommen Form hergestellt. Das Innere der Form ist spiegelglatt poliert und wird vor jedem Laminiervorgang mit einem lösenden Trennwachs beschichtet. Zunächst wird Gelcoat auf die Formenoberfläche gestrichen oder gesprüht. Danach kommt die erste Lage Fiberglass (in der Regel Standardmatte) auf die Rückseite des Gelcoats. Weitere Lagen, Rovings oder Gewebe folgen, bis schließlich die gewünschte Rumpfdicke erreicht ist.

Gelcoat unterscheidet sich grundsätzlich auch von einem Farbanstrich. Die Bindung zwischen normaler Farbe und dem darunterliegendem Grund ist in erster Linie mechanisch – die purpurrote Lackfarbe auf Ihrem Cabrio haftet (oder nicht) durch das Verkrallen von mikroskopisch kleinen Kratzern, die durch Schleifen oder durch chemisches Ätzen erzeugt wurden. Zwischen Gelcoat und dem darunterliegenden Laminat ist die Verbindung dagegen *chemisch*. Das Harz, das die erste Lage Glasfasermaterial sättigt, verbindet sich chemisch mit der Gelcoatoberfläche, um eine Einheit zu bilden. Dies wird chemische Vernetzung genannt, weil Gelcoatharz und Polyesterharz im Grunde das gleiche Grundprodukt darstellen.

Gelcoatharz und Polyester haben schlechte Fließeigenschaften. Gute Lackfarben sind dagegen selbstausgleichend wie Wasser und trocknen zu einem glatten glänzenden Finish. Gelcoatharz verhält sich wie Putz, der die Struktur des auftragenden Werkzeugs annimmt. Er kann verdünnt und gesprüht werden, um ein ordentliches glattes Finish zu erhalten, aber der spiegelnde Glanz eines neuen Kunststoffrumpfes hängt allein von der Qualität der Innenoberfläche der Form ab.

Gelcoat ist außerdem viel dicker als ein Farbenauftrag. Zum Beispiel ist die Trockenfilmdicke eines typischen Polyurentanfinishes (Awlgrip) 0,04 bis 0,06 Millimeter dick. Die Dicke einer Gelcoatschicht, die gerade aus der Schale genommen wurde, beträgt dagegen 0,4 bis 0,6 Millimeter. Mit anderen Worten, die Farbe auf einer angestrichenen Oberfläche ist normalerweise dünner als eine einzige Seite dieses Buches, während eine Schicht aus Gelcoat normalerweise zehn Seiten dick ist.

Ein gut aufgebrachtes Gelcoat – wie bei allen anderen Produkten gibt es auch hier Qualitätsunterschiede in der Verarbeitung – wird normalerweise zehn Jahre, bei minimaler oder keiner Pflege, halten. Geschützt mit einer jährlich aufgetragenen Schicht Wachs, kann Gelcoat seinen Glanz aber auch für zwanzig Jahre oder mehr behalten. Die Langlebigkeit von Gelcoat hängt in erster Linie von dessen Qualität und Dicke ab.

Wenn der Untergrund matt wird und auskreidet, kann die „tote" Schicht abgeschliffen und die frische Oberfläche poliert werden, um den alten Glanz wieder herzustellen.

Zuviel Dicke kann jedoch auch ein Feind sein. Wenn der Arbeiter das Gelcoat zu schnell zu dick aufbringt – oft geschehen mit den besten Absichten bei Kunststoffbooten –, bricht es schließlich wie getrockneter Schlamm. Eine falsche Harzmischung kann auch brechen und Haarrisse bilden.

Polieren

Die meisten Bootsrümpfe leiden unter einem unansehnlichen Finish. Eine weitere Verschlechterung tritt im Laufe der Zeit durch Abwittern infolge der UV-Strahlung ein, das aber durch regelmäßiges Wachsen der Gelcoatschicht erheblich hinausgezögert werden kann. Wenn ungeschütztes Gelcoat aber schließlich matt und porös wird, eventuell sogar auskreidet, dann hilft auch kein Wachsen mehr. Die zerstörte Oberfläche muß dann durch Polieren mit Schleifmittel wieder restauriert werden.

Starten Sie mit dem Reinigen der Oberfläche

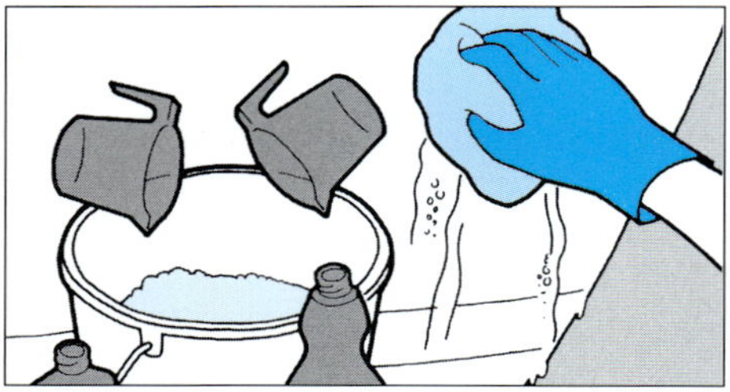

1 Waschen. Mit einer Lösung aus flüssigem Reiniger und Wasser waschen Sie den Rumpf gründlich ab. Der Fachhandel hält die passenden Produkte hierfür bereit.
Die Menge der Chemie nur nach Bedarf steigern – so wenig wie möglich einsetzen.
Nach dem Waschen abledern und trocknen.

2 Entfetten. Nach der Grundreinigung ist ein Entfetten wichtig. Besorgen Sie sich vom Fachhändler entsprechende Mittel. (Notfalls kann man auch Azeton verwenden.) Benutzen Sie Schutzhandschuhe und wenden Sie den Lappen beim Reinigen häufig. Lüften Sie die Räume gut!

3 Entwachsen. Poliermittelzusätze arbeiten wie feines Schleifpapier, und Wachs verhindert ein gleichmäßiges Schleifen. Darüber hinaus sitzt auf der Oberfläche noch Silikon (neun von zehn Booten), und beim Schleifen könnten Silikonreste in den feinen Vertiefungen verbleiben, was zum Übel werden kann, wenn man den Rumpf einmal streichen möchte. Reinigen Sie den Rumpf mit Putzwolle, die mit Entwachsmittel (Fachhandel befragen) getränkt ist. Arbeiten Sie in einer Richtung, gewöhnlich schräg nach unten zur Wasserlinie.

Wählen Sie die richtige Mischung

Gelcoat ist viel weicher als eine Zweikomponenten-Lackierung und verlangt in der Regel ein behutsames Schleifmittel. Der Fachhandel hält spezielle Schleifpasten bereit (je nach Marke unterschiedlich). Nehmen Sie ein Schleifmittel, das speziell auf Gelcoat abgestimmt ist. Wenn das Gelcoat besonders angegriffen ist, kann ein Mittel mit besonders großer Schleifwirkung genommen werden, aber achten Sie stets darauf, daß Sie nicht die Oberflächenschicht verletzen.

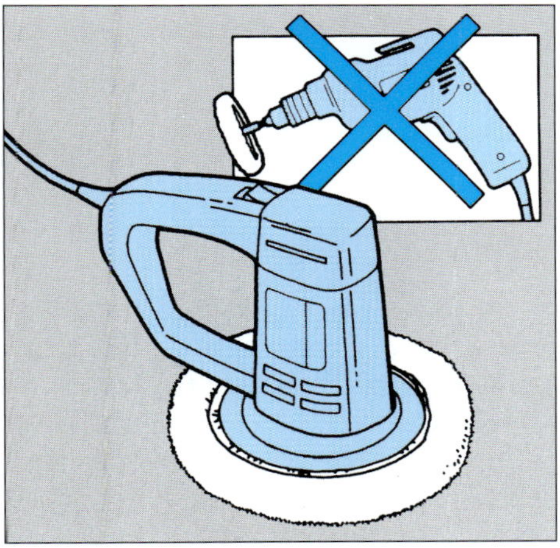

Polierscheibe

Wenn die zu polierende Stelle nicht sehr groß ist, kann man sie von Hand bearbeiten, doch für ein ganzes Boot ist die Methode ungeeignet. Eine langsamlaufende Polierscheibe erleichtert die Arbeit erheblich. Benutzen Sie aber keine Polierscheibe in Ihrer Bohrmaschine, die in der Regel viel zu schnell rotiert und beim Schleifen viel zu heiß wird.

Der richtige Druck

Je nach dem, wie stark Sie beim Schleifen andrücken, tragen Sie von der Oberfläche ab. Versuchen Sie mit dem geringsten Abtrag auszukommen, nie mehr Druck als nötig anwenden. Schon nach wenigen Versuchen werden Sie den richtigen Druck finden.

Ob Sie eine kleine Reparaturstelle bearbeiten oder einen ganzen Rumpf – der Prozeß ist der gleiche. Arbeiten Sie immer nur auf kleinen Flächen, von Hand die Paste auftragen und dann die Stelle kreisend polieren. Zuerst mit etwas mehr Druck, dann immer weniger anpressen, bis der volle Glanz erscheint. Wenn sich Schlieren bilden, mit feinem Schleifmittel nacharbeiten.

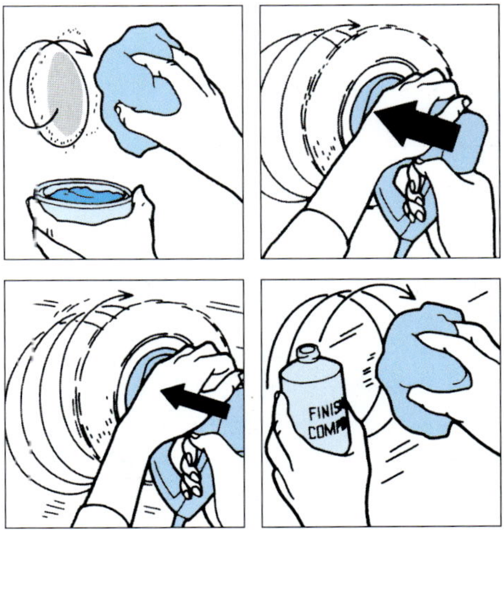

Schleifen

Manchmal ist die alte verwitterte Gelcoatschicht so matt, daß man mit Polieren allein kein gutes Ergebnis mehr erzielt. In diesem Falle sollte man zunächst mit leichtem Schleifen beginnen. Aber das geht natürlich nur, wenn das Gelcoat noch genügend dick ist. Sobald man durch das Gelcoat schleift, kann man nur noch mit einer Lackierung den alten Glanz wiederbekommen.

__1__ Der sicherste Weg ist das Schleifen von Hand; aber mit einer Maschine spart man natürlich viel Zeit. Sie brauchen dazu einen kleinen Schwingschleifer; bestückt mit 120er Aluminium-Oxyd-Papier (oder feiner). Sie sollten an einer unauffälligen Stelle starten, um zu testen, wie dick das Gelcoat ist. Beachten Sie, daß die Bewegungen des Schleifers sehr hoch sind; schleifen Sie daher immer nur für ein paar Sekunden auf einer Stelle. Und drücken Sie nur mäßig auf. Das Gelcoat darf auf keinen Fall transparent werden, will man ein gutes Ergebnis bekommen.

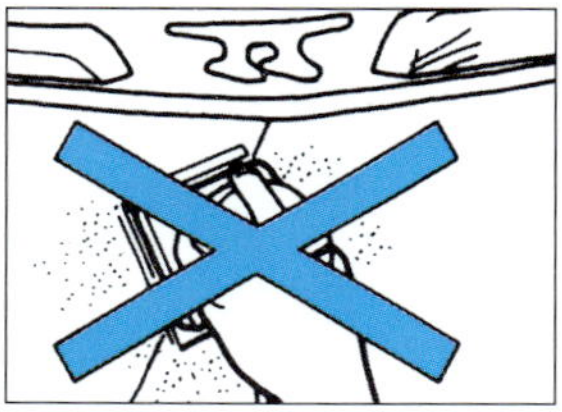

__2__ Niemals mit der Maschine auf einer erhöhten Stelle, einer Kante oder einer Rippe schleifen. Sie schleifen dort in Sekunden die Gelcoatschicht durch.
Wenn sich die abgetragene Staubmenge stark verringert, wechseln Sie das Papier.

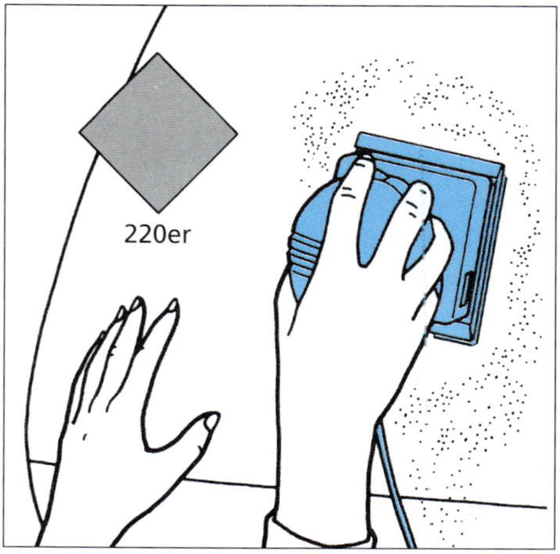

__3__ Nach dem ersten Durchgang, den zweiten Schleifgang mit 220er-Papier wiederholen.

Naßschleifen

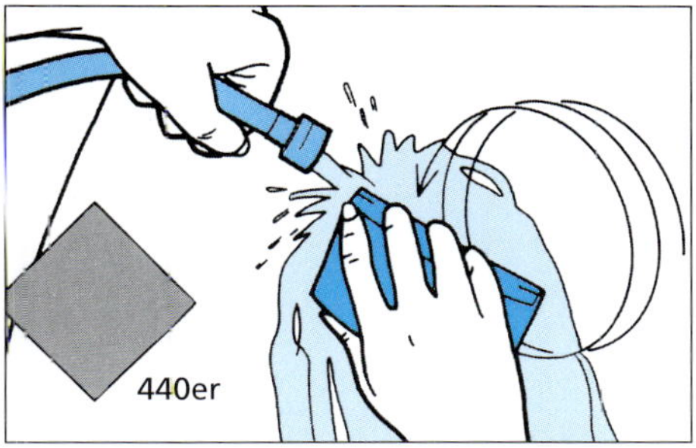

1 Entfernen Sie die letzten Kratzer und Vertiefungen des Trockenschliffs durch Schleifen mit 440er-Naßschleifpapier (Silikon-Karbid). Mit kreisenden Handbewegungen und immer ein wenig Wasser zum Spülen.

2 Um eine gleichmäßige Oberfläche zu erhalten, das Schleifpapier um einen Holzklotz oder ein Korkstück legen. Aber wenn die Körnung sehr fein ist, 320er oder höher, erzielt man das gleiche oder sogar ein besseres Ergebnis, wenn man das Papier direkt mit den Fingern führt. Falten Sie das Papier wie auf der Abbildung gezeigt, und Sie erhalten drei Schleifflächen je Bogen.

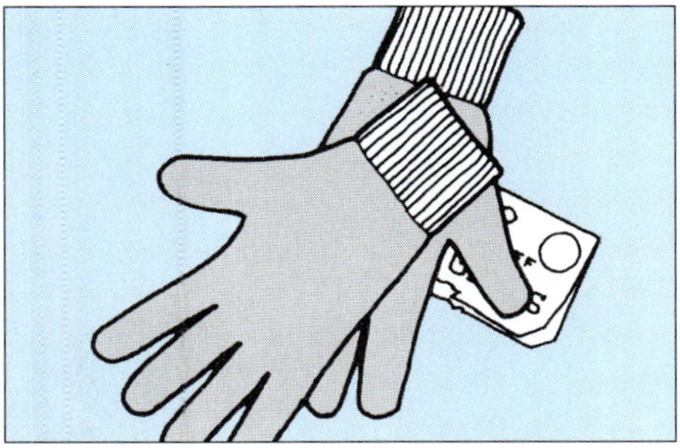

3 Schützen Sie Ihre Fingerspitzen durch derbe Gartenhandschuhe.

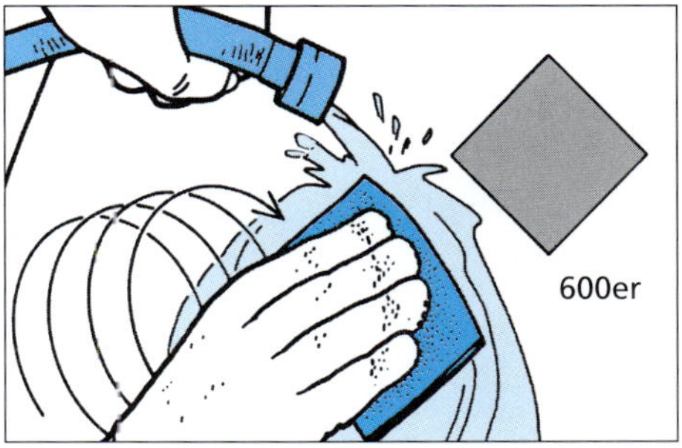

4 Zum Abschluß mit 600er-Papier nachschleifen – dann haben Sie den richtigen Untergrund für die perfekte Politur.

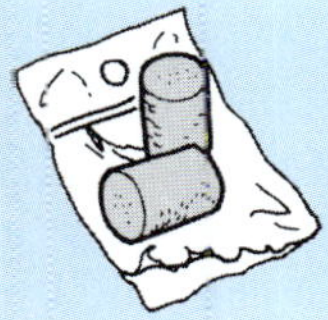

Wie bitte?

Hochfrequente Schleifer können das Gehör schädigen – kaufen Sie sich daher geräuschdämpfende Mittel in der Apotheke (zum Beispiel Ohropax) – denken Sie an Ihre Gesundheit.

Beseitigen von Kratzern

Kratzer im Gelcoat sind in der Regel schlechter zu erkennen als in einem Lackaufbau, weil nicht verschiedene Farbschichten beschädigt werden. Wenn das angrenzende Gelcoat in einem guten Zustand ist, macht es Sinn, den Kratzer mit Gelcoat auszubessern. Auch wenn der Auftrag zunächst sehr grob aussieht, man kann die Stelle schleifen und polieren bis man sie nicht mehr sieht. Wenn größere Beschädigungen vorliegen, schauen Sie bitte im Kapitel „Rumpfreparaturen" nach.

Öffnen der Schramme für die Reparatur

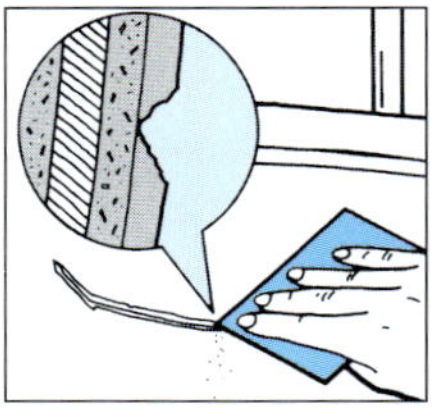

Niemals durch einfaches Überstreichen reparieren. Gelcoat ist zu dünn, um den tiefen Kratzer auszufüllen. Und wenn das Gelcoat schon angedickt ist, überbrücken Sie nur die Schramme, ohne sie richtig aufzufüllen. Für eine dauerhafte Reparatur öffnen Sie die Schramme mit der Spitze einer Ziehklinge und weiten Sie die Ränder gleichmäßig.

Gelcoat-Auswahl

Sie können Gelcoat als Paste und als Harz bekommen. Paste nimmt man für eine Kratzerreparatur. Im Handel gibt es komplette Packungen mit Gelcoat, Härter und Farbpigmenten zur individuellen Zusammenstellung.

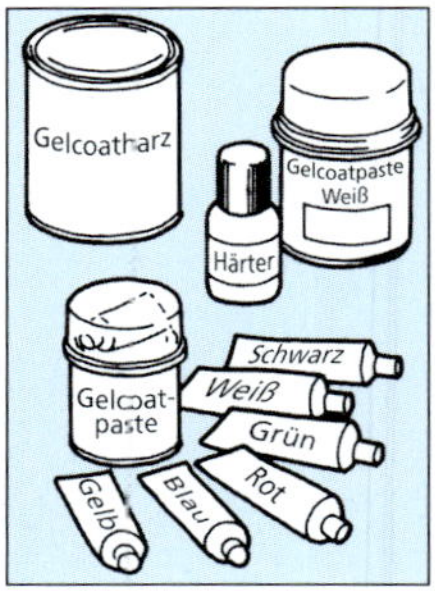

Welche Farbe ist weiß?

Der schwierigste Teil einer Gelcoatreparatur liegt im Anmischen der passenden Farbe. Sogar Profis, die täglich mit diesem Problem zu tun haben, zeigen auf diesen Gebiet Unsicherheiten. Dies ist ein Bereich, in dem Sie mit dem Urteil „nicht so schlecht" sehr zufrieden sein können.

Sie können Celcoat als Harz ohne Pigmente, als Kitt mit einem halben Dutzend Farben oder als Werftfarbe für die bekanntesten Serienboote kaufen.

Weil Gelcoats im Laufe der Jahre in der Sonne ausbleichen, müssen gerade Werftfarben nachgemischt werden.

Für kleine Reparaturen an weißen Booten reicht ein Kitt mit Pigmenten. Bei weißer Farbe kommt man recht gut an den Farbton heran, und kleine Unterschiede sind später kaum zu erkennen.

Bei farbigen Rümpfen und größeren Reparaturen muß man schon sorgfältiger vorgehen. Zunächst mischen Sie ganz kleine Proben aus Harz und Pigment und tupfen diese auf den Rumpf. Merken Sie sich das Mischungsverhältnis, mit dem Sie schließlich den richtigen Ton getroffen haben. Ein guter Rat: Nehmen Sie Ihre Freundin oder Frau zu dieser Arbeit mit zum Boot – Männer sind achtmal häufiger farbenblind als Frauen. Wohl ein Nachteil beim Mischen, der aber zum Vorteil bei der Beurteilung der eigenen Arbeit werden kann!

Wirkung des Härters

Der Härter für Gelcoat ist identisch mit dem Polyesterhärter MEKP (Methyl Ethyl Keton Peroxyd). Gelcoat benötigt in der Regel 1 bis 2% Härter, bezogen auf das Volumen. (Beachten Sie die Vorschriften des Herstellers und ziehen Sie die Umgebungstemperatur in Betracht.) Die Mischung sollte so eingestellt sein, daß nach zirka 30 Minuten das Abbinden eintritt. Nach zirka zwei Stunden (bei 20 °C) sollte der Werkstoff hart sein.

Im Zweifelsfall lieber etwas zuwenig als zuviel Härter verwenden. Und beachten Sie, daß die Masse sehr gut durchgerührt werden muß, weil sonst Teile zu schnell reagieren und andere gar nicht.

Auftragen der Gelcoatpaste

__1__ Das Original-Gelcoat ist chemisch mit dem darunterliegenden GFK verbunden, weil es zur gleichen Zeit aufgetragen wurde. Die Verbindung mit einem seit langem ausgehärteten GFK und einem neuen Gelcoat ist dagegen rein mechanisch – wie ein Farbauftrag.

Das Auswaschen der Fuge mit Styrene unmittelbar vor der Verfugung kann die chemische Verbindung verbessern, aber in der Praxis wird dies nur selten angewendet.

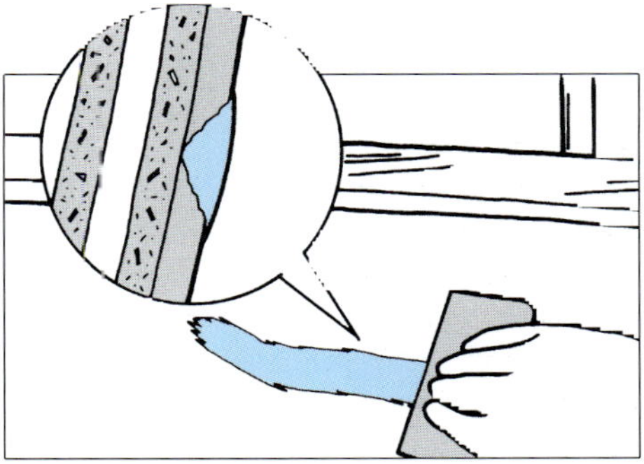

__2__ Tragen Sie das Gelcoat wie normale Spachtelmasse etwas erhöht auf. Ein Plastikspachtel ist gut dafür geeignet. Die zu verteilende Masse sitzt hinter dem Plastikspachtel. Polyesterharz schrumpft etwas beim Aushärten, aber Sie müssen die Flickstelle ohnehin schleifen. Doch machen Sie den Auftrag wiederum nicht zu hoch, denn dann machen Sie sich unnötig viel Arbeit.

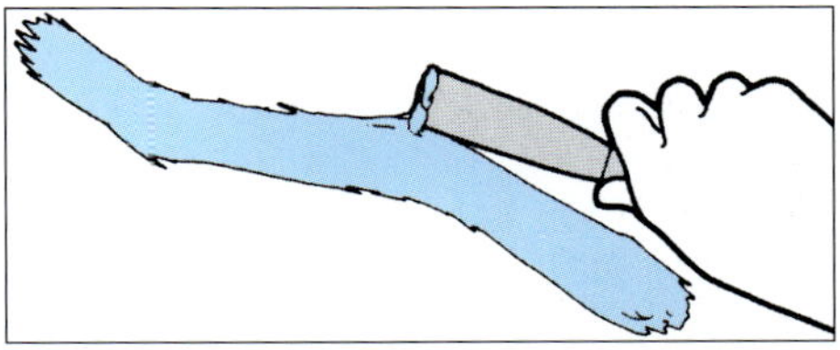

__3__ Tragen Sie überschüssige Masse mit einer Klinge wieder ab.

Abdecken der Reparaturstelle

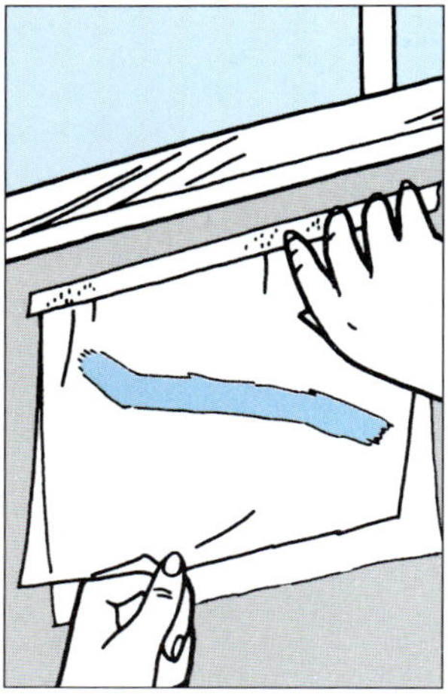

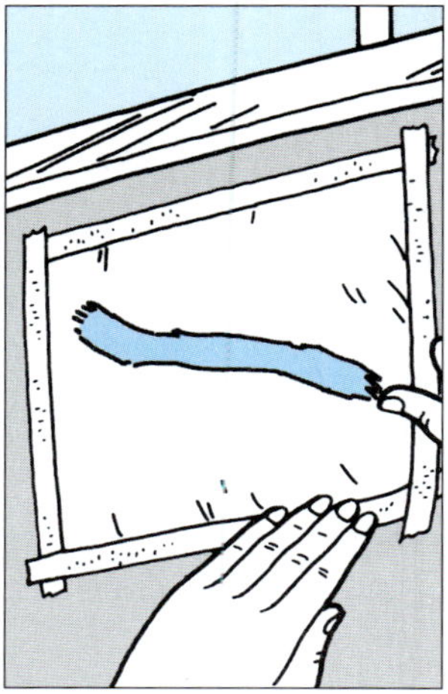

Gelcoat härtet nicht vollständig unter Luft aus. Große Reparaturen benötigen daher eine Versiegelung aus Polyvinyl-Alkohol (PVA – siehe auch „Laminatreparaturen"). Für unseren Kratzer nehmen wir eine Plastikfolie. Folien aus dem Haushaltsbereich tun gute Dienste, aber auch eine beliebige Plastiktüte kann man nehmen. Tapen Sie die Folie an einer Seite am Rumpf an. Mit dem Plastikspachtel streichen Sie die Gelcoatmasse unter der Folie glatt. Abschließend alle Ränder mit Tape verschließen.

Schleifen und Polieren der Reparaturstelle

Nach 24 Stunden ziehen Sie die Folie ab. Wie viel Sie jetzt schleifen müssen, hängt davon ab, wie sauber Sie vorher die Masse aufgetragen haben.

1 *Nehmen Sie zum Schleifen einen handlichen Holzklotz und umwickeln Sie ihn mit 120er bis 150er-Sandpapier und benutzen Sie die schmale Seite zum Einschleifen. Mit gleichen Hüben schleifen Sie das überstehende Material ab – passen Sie auf, daß nicht die intakten Stellen beschädigt werden. Niemals dieses Schleifen* ohne *Klotz durchführen.*

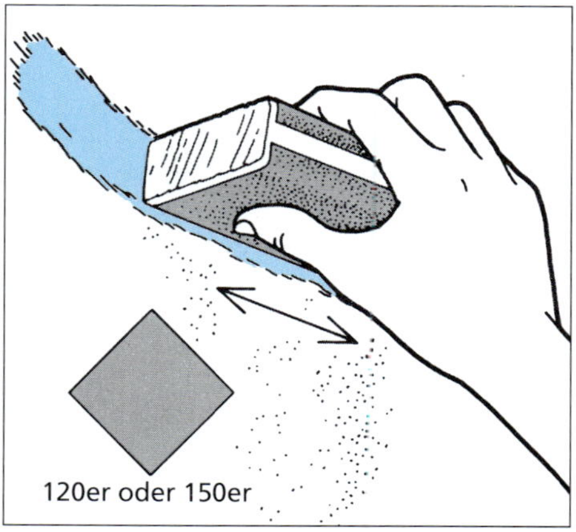

2 *Wenn das Gelcoat eben ist, wechseln Sie auf 220er-Naßschleifpapier und schleifen so lange, bis Sie mit den Fingern keine Erhöhung mehr spüren können.*

3 *Sie machen wie gewohnt mit 400er-Papier weiter – ohne Holzklotz – und schleifen zum Schluß mit 600er-Papier nach.*

4 *Trocknen Sie die Reparaturstelle und polieren Sie mit Paste die Nahtstelle auf Hochglanz. Kleine Reparaturstellen können Sie auch schon mal von Hand polieren. Nach der Politur wird die Stelle mit Wachs versiegelt. Wenn Ihre Farbmischung recht genau ausfiel, werden Sie die Reparaturstelle nicht wiederfinden.*

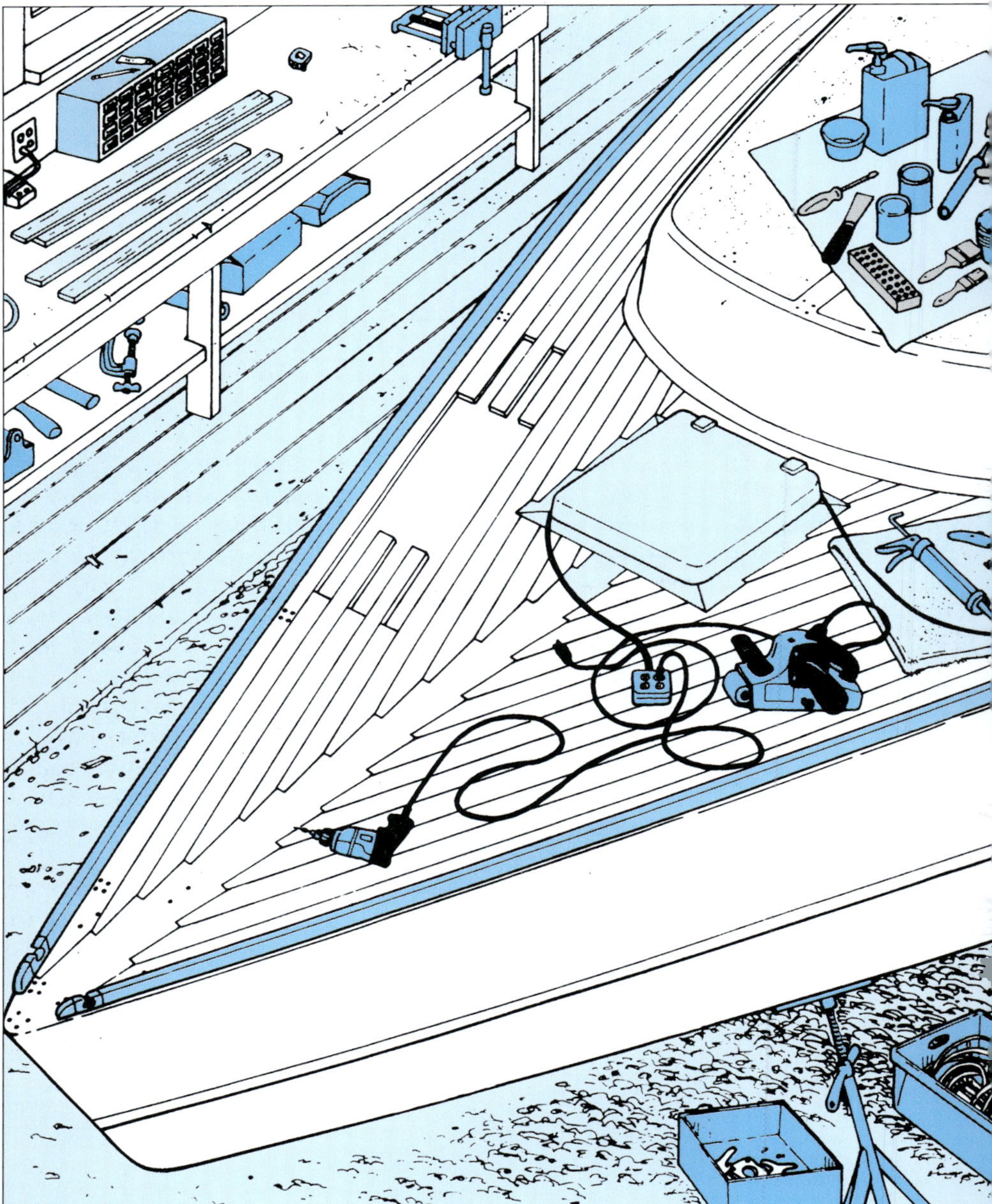

Decksreparaturen

Typische Kunststoffboote bestehen in der Regel aus zwei Teilen: dem Rumpf und dem Deck. Meistens werden die Holzeinbauten und die Technik installiert, bevor schließlich das Deck aufgesetzt wird – wie eine gefüllte Dose, auf die man später den Deckel setzt. Wenn Sie sich immer schön von den Felsen fernhalten und nicht an einer Kaimauer zerschellen, wird der Rumpf ein langes Leben haben. Umhegt vom Wasser und immer zur Hälfte im Schatten. Das Deck aber ist jeglichem Mißbrauch ausgesetzt. Es liegt in der Sonne, wird angegriffen von Regen, Umweltverschmutzung und Öl. Es wird geschwächt durch Öffnungen, Löcher, Durchbrüche und durchstochen von Schrauben und Beschlägen.

Sie mögen jetzt denken, daß ein Deck, das soviel aushalten muß, stärker gebaut ist als der Rumpf? Da liegen Sie aber ganz falsch! Das hat seine Gründe. Der Bootsbauer kann *unten* den Rumpf so dick machen, wie er will – aber Gewicht, das *oben* getragen werden muß, reduziert erheblich die Stabilität des Bootes. Das Deck muß daher leicht sein. Festigkeit ist hier definiert mit „fest genug". Und das Ergebnis dieser Bauweise: Decksreparaturen fallen viel häufiger an als Rumpfreparaturen.

Decksreparaturen sind auch viel komplizierter, wenn auch nicht unbedingt schwerer. Während die Oberfläche eines Rumpfes gleichförmig gewölbt strakt und relativ konturlos ist, zeigt sich das Deck mit vielen Kanten, Ecken, Kurven und ist sehr stark strukturiert. Beschädigungen erstrecken sich oftmals im Bereich von unter Deck montierten Beschlägen.

Und der Zugang unter Deck wird oft durch Innenschalen verhindert. Um ein leichtes und dennoch steifes Deck zu bekommen, kann man auf eine problematische Sandwichbauweise (mit Schaumkern oder Balsaholzkern) nicht verzichten.

In diesem Abschnitt aber wollen wir uns auf die Reparatur der Oberfläche beschränken, denn die meisten Probleme finden wir tatsächlich in diesem Bereich.

Spannungsrisse

Erkennung von Spannungsrissen

Spannungsrisse erkennt man leicht an ihrer Form. Sie verlaufen entweder parallel oder sternförmig auseinander. Sie finden Risse in eingeformten Ecken, im Bereich des Cockpitbodens oder wo das Deck an den Kajütaufbau stößt. Diese Risse weisen auf Schwachstellen hin. Parallelrisse finden sich auch in der Nähe von Stringern oder anderen Aussteifungselementen im Rumpf oder Deck. Die Konzentration hoher Punktkräfte bewirkt, daß die Gelcoatschicht und manchmal auch das darunterliegende Laminat reißen.

Spannungsrisse entstehen auch durch übermäßiges Biegen einer GFK-Sektion, in diesem Falle gehen die Strahlen vom Belastungszentrum aus. Am meisten findet man Spannungsrisse unter den Relingsfüßen, weil oftmals am Kopf der Relingsstütze hohe Querkräfte durch Lifeleinen oder Abhalten auftreten und wortwörtlich das Deck ausgehebelt wird.

Auch durch punktförmige Belastungen können Spannungsrisse entstehen, wenn zum Beispiel ein Anker oder eine schwere Winschkurbel aufs Deck knallen. Auch äußere Einwirkungen wie Stöße oder Rammings können zu Haarrissen dieser Art führen.

Beseitigung der Ursachen

Unterlegplatten

Spannungsrisse können verhindert werden durch kräftige Unterlegplatten, die unter Deck die Kräfte besser verteilen. Schon Platten aus Holz können helfen, aber viel besser sind Platten aus rostfreiem Stahl oder Bronze. Schrägen Sie die Kanten ab, um harte Krafteinleitungen zu vermeiden. Polierte Unterlegplatten aus rostfreiem Stahl mit Innengewinden können unter Deck darüber hinaus sehr gut aussehen.

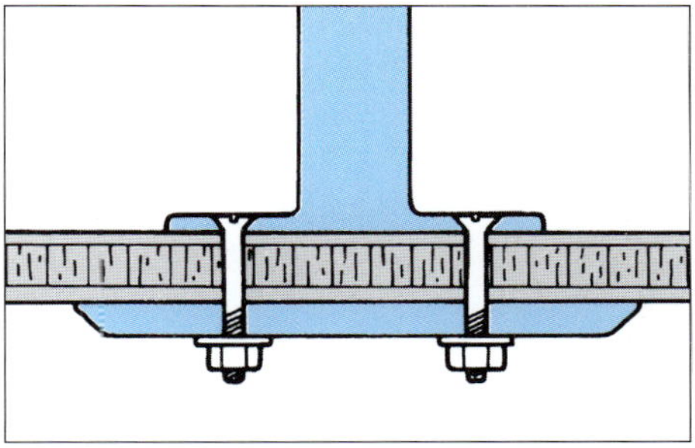

Kraftspitzen

Versteifungen mit Kraftspitzen sind häufiger im Rumpf als im Deck und oft dort, wo Schotten befestigt sind. Spannungsrisse kann man nicht verhindern, wenn nicht auch die überhohen Krafteinleitungen unterbunden werden. Dies bedeutet, daß man diese Stelle freilegt und mit Hartschaum unterfüttert. Realistisch betrachtet mag dieser Aufwand in keinem Verhältnis zum Erfolg stehen, aber wann immer eine Schottwand erneuert wird, sollte man sie nach dieser Methode einlaminieren.

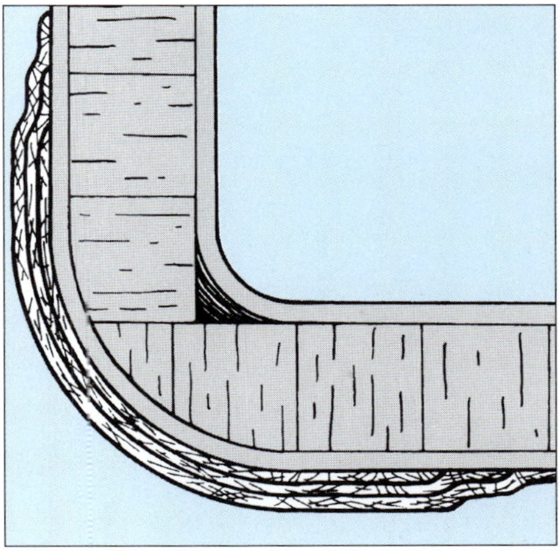

Versteifungen

Spannungsrisse sind generelle Anzeichen für Schwachstellen im Laminat, die sehr häufig am Cockpitboden zu finden sind und die man durch Versteifungen eliminieren kann. Sie finden dazu die Hinweise unter „Laminatreparaturen". Durch Auflaminieren von mehreren Lagen Glasmatte kann man eine erheblich bessere Kraftaufnahme erzielen.

Reparatur der Risse

Risse im Deck sind gewöhnlich nur im Gelcoat und höchstens in der ersten Lage Matte unterhalb der Deckschicht. Die Reparatur verläuft wie im Kapitel „Beseitigen von Kratzern" beschrieben, natürlich mit dem Unterschied, daß Sie die Beschläge demontieren müssen. Es kann manchmal auch vorkommen, daß die Risse tiefer gehen und das Laminat in Mitleidenschaft gezogen wurde. Dann muß natürlich der Unterbau neu laminiert werden.

Die genaue Beschreibung dazu finden Sie unter dem Abschnitt „Rumpfreparaturen".

1 Verschaffen Sie sich Zugang zu allen Rissen.

2 Öffnen Sie die Risse mit einer Ziehklinge.

3 Füllen Sie die Risse mit Gelcoatpaste.

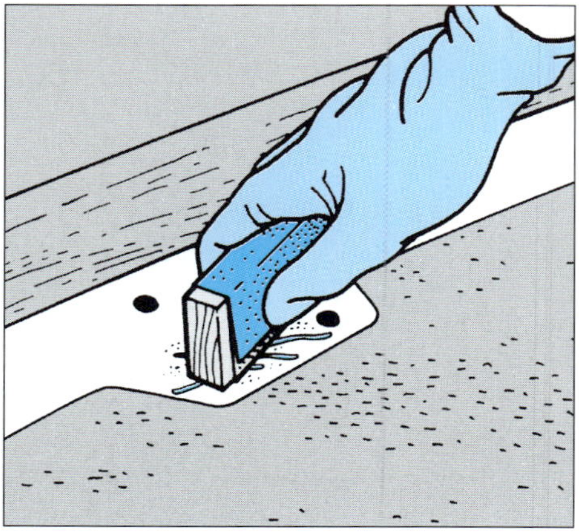

4 Schleifen und Polieren.

Ablösungen am Gelcoat

Glücklicherweise sind Ablösungen dieser Art im glattflächigen Rumpfbereich selten, häufiger aber im Decksbereich. Ablösungen entstehen, wenn das Gelcoat und die erste Lage keine innige Verbindung haben oder wenn die erste und die zweite Lage keine Verbindung haben. Sie sind oftmals die Folge eines falschen Designs und weniger die Folge schlechter Verarbeitung. Kanten und Ecken lassen sich nun mal schwer im GFK einlegen. Wenn die Matten beim Laminieren stark verformt werden, kann es vorkommen, daß sie sich noch vor dem Abbinden wieder zurückziehen – die Folgen sind Hohlräume und später Ablösungen. Nach der ersten Beanspruchung oder manchmal auch erst nach vielen Belastungen springt das Gelcoat wie eine Eierschale, und ein Krater kommt zum Vorschein.

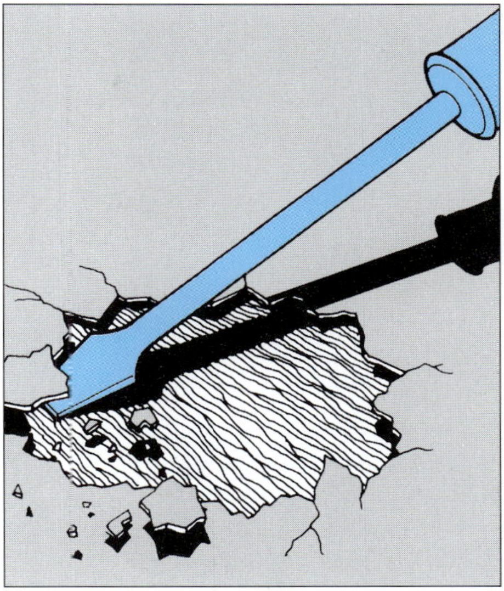

1 *Brechen Sie alle losen Teile weg.*

2 *Mit einer rotierenden Schleifspitze entfernen Sie alle losen Stellen und schleifen den Rand schräg an.*

3 *Reinigen Sie die Stelle mit Azeton. Besser noch, Sie waschen mit Styrene nach.*

4 Füllen Sie den Hohlraum mit einer Mischung aus Polyester-Harz und gehäckselten Glasfasern („Sauerkraut-Spachtelmasse"). Stellen Sie sicher, daß Sie Laminat-Polyester verwenden und nicht Topcoat. Epoxyd ist hier nicht angebracht, da Gelcoat auf Polyesther besser haftet.

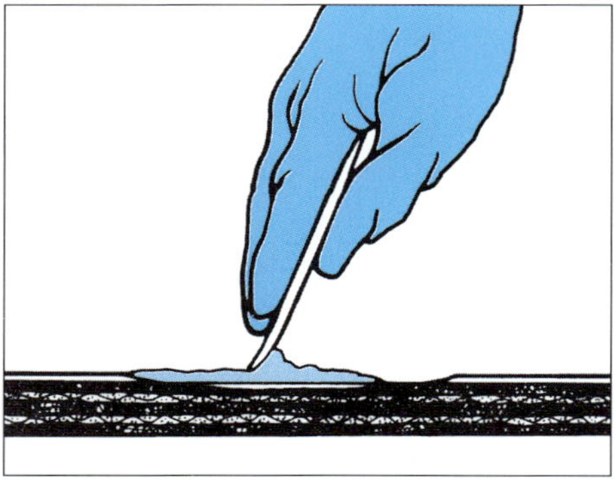

5 Wenn die Flickstelle ausgehärtet ist, verfüllen Sie den restlichen Hohlraum mit Gelcoat, bis es etwas übersteht. Rollen Sie eine Plastikfolie darüber und tapen Sie die Ränder zu.

6 Wenn das Gelcoat ausgehärtet ist, können Sie es schleifen und anschließend wieder auf Hochglanz polieren.

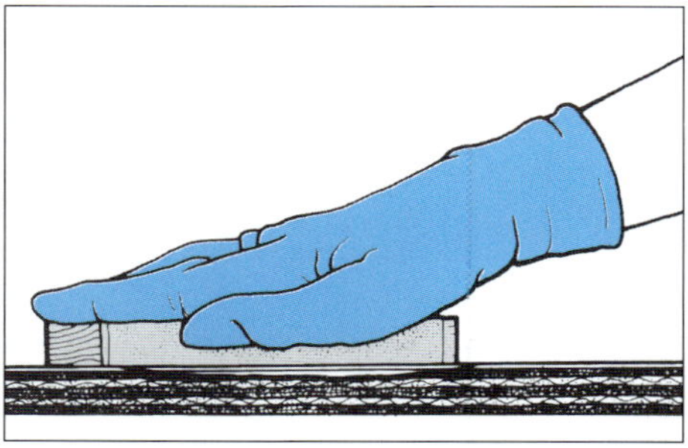

Haarrisse

Haarrisse bestehen aus willkürlichen Mustern, die im schlimmsten Falle die gesamten Oberflächen eines GFK-Bootes befallen, den Rumpf genauso wie das Deck. Dafür gibt es zwei Ursachen: hohe Biegekräfte und übermäßig dickes Gelcoat. Wenn Biegung allein der Grund ist, dann kann man die Stelle leicht lokalisieren. Soll eine Reparatur erfolgreich verlaufen, müssen aber zunächst die Stellen unter Deck verstärkt werden.

Glücklicherweise entstehen aber die üblichen Haarrisse in der Regel durch zu dickes Gelcoat oder gelegentlich durch eine falsche Mischung. Wenn der Rumpf sich erwärmt und wieder abkühlt, dehnt er sich aus und zieht sich wieder zusammen. Ein dünnes Gelcoat kann diese Bewegungen mitmachen, aber eine dicke Schicht ist da überfordert und kann reißen. In diesem Falle erstrecken sich die Cracks über weite Flächen. Das ist die schlechte Nachricht – doch die gute Nachricht: Sie brauchen bei der Reparatur keine Strukturänderungen vorzunehmen.

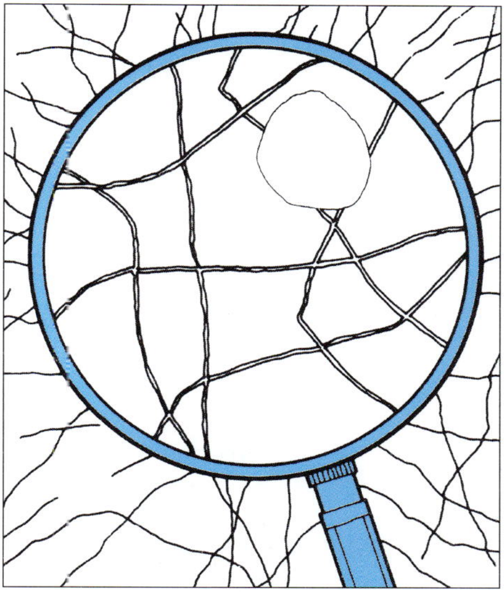

Lokal begrenzte Haarrisse

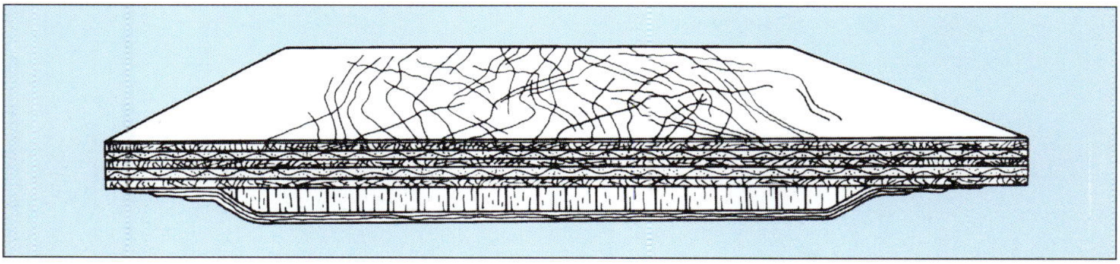

1 *Aussteifen der befallenen Bereiche. Schauen Sie auch unter „Kernprobleme" alternative Schritt-für-Schritt-Lösungen an.*

2 Entfernen Sie die befallenen Stellen mit einem Winkelschleifer, aber achten Sie darauf, daß Sie nicht bis auf das Laminat durchschleifen. Je nach Bedarf das Schleifkorn auswählen; zum Austesten des Schleifbildes zunächst mit feinerem Korn beginnen.

3 Streichen Sie die vorbereitete Stelle nach gründlicher Reiningung mit eingefärbter Gelcoatpaste. Die Oberfläche anschließend schützen, damit sie staubfrei aushärten kann.

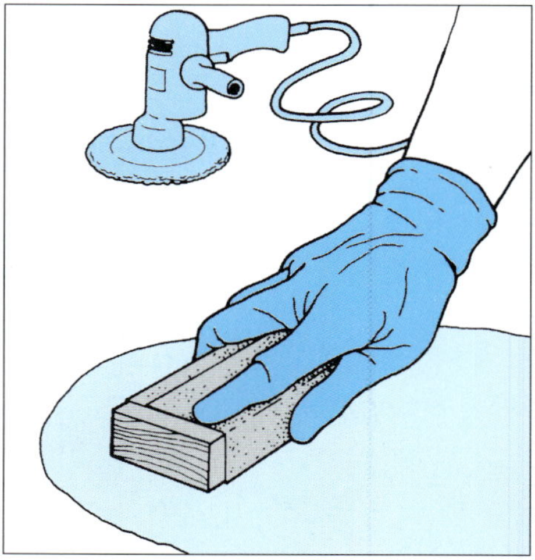

4 Nach dem Aushärten: Schleifen, Feinschleifen, Polieren und Wachsen.

Großflächige Haarrisse

Das Ausbessern mit Gelcoat ist lohnend, wenn die zu bearbeitende Stelle relativ klein ist und der Rest der Flächen noch intakt ist. Wenn aber sehr große Teile in Mitleidenschaft gezogen sind, dann empfiehlt sich eine Ganzlackierung mit einem 2-Komponenten-Polyurethan-Lack.

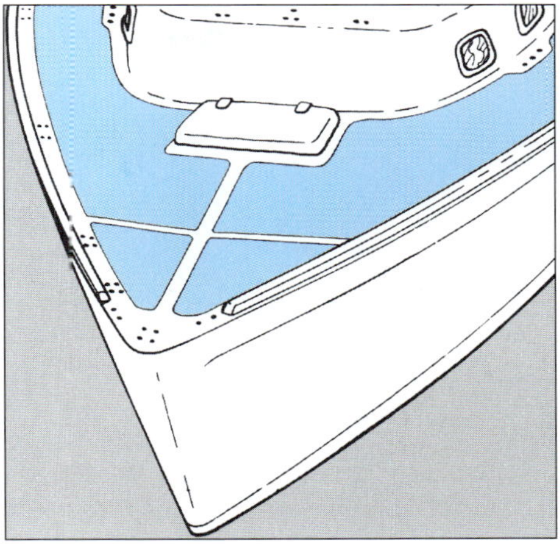

1 *Entfernen Sie alle befallenen Stellen und glätten Sie den Untergrund. Das spätere Lackbild hängt in erster Linie von Ihren Vorbereitungsarbeiten ab: je ebener der Untergrund, desto besser das Ergebnis.*

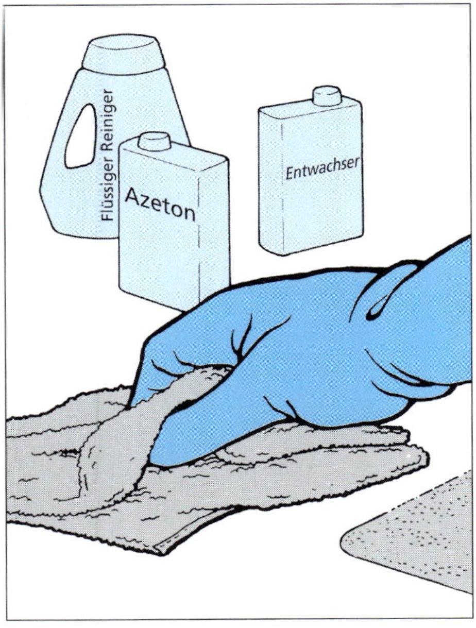

2 *Reinigen, entfetten und entwachsen Sie alle glatten Flächen. (Anti-Slip-Flächen werden gesondert bearbeitet.)*

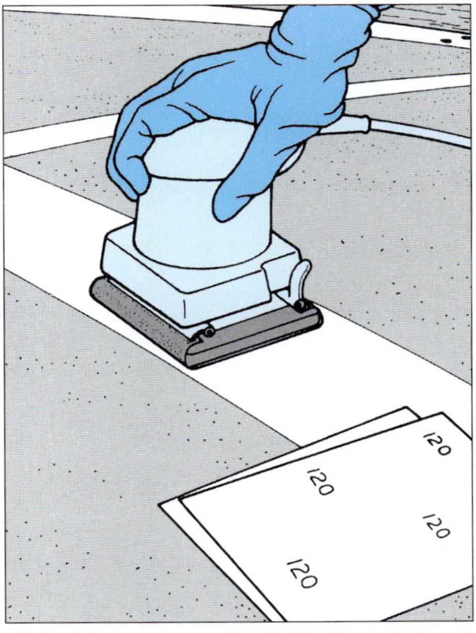

3 *Schleifen Sie das Gelcoat gründlich mit 120er-Papier und wischen Sie es mit Lösungsmittel staubfrei.*

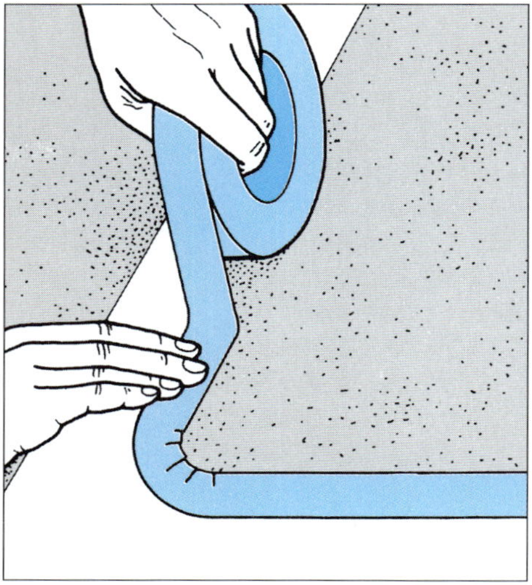

4 Alle strukturierten Flächen und Beschläge, die nicht gestrichen werden sollen, sauber abkleben: Ränder fest anrollen.

5 Mit einem Schaumroller tragen Sie zunächst einen Primer auf, bis alle feinen Risse gut verfüllt sind (2 Schichten). Mit der Maschine zwischen- und nachschleifen (120er Papier).

6 Bringen Sie 2 Schichten des 2-Komponenten-Polyurethan-Lacks auf. Beachten Sie genau die Herstellerhinweise (Temperatur/Luftfeuchtigkeit/Werkzeuge). Ein besonders gutes Lackbild kann entstehen, wenn mit dem Flachpinsel der aufgerollte Farbauftrag geglättet wird. Es ist ratsam, diese Arbeit zu zweit zu machen.

Erneuerung von Decksstrukturen

Wenn Sie schon Ihre glatten Decksflächen streichen, wollen Sie sicherlich auch die strukturierten Flächen erneuern. Durch einfaches Überstreichen verlieren diese Decksteile allerdings zum Teil ihre Rutschfestigkeit. Dies kann man aber durch entsprechende Farbzusätze (Sand, Glaskugeln etc.) verhindern. Die Strukturflächen immer erst *nach* den glatten Flächen behandeln. Es gibt zwei Gründe für dieser Rat: erstens, die Strukturfläche ist immer dunkler als die glatte Fläche, und es ist einfacher, eine helle Farbe mit einer dunkleren zu überstreichen, zweitens, wenn das abschließende „Abtapen" geschieht, ist das viel einfacher auf der schon fertigen glatten Fläche. Außerdem sollten Sie die Vorbereitungsarbeiten an der Struktur *vor* dem Streichen der glatten Flächen fertigstellen.

Eingetretener Schmutz

1 Bürsten Sie den Schmutz zunächst mit einer sehr harten Bürste aus den Vertiefungen. Dann benutzen Sie ein altes Frotteehandtuch, um die Stellen zu entwachsen.

2 Sie können die tiefliegenden Stellen nicht schleifen: Benutzen Sie daher Drahtwolle, indem Sie mit kurzen, schnellen Bewegungen die tiefen Stellen säubern.
Glücklicherweise geht es bei dem neuen Anstrich hauptsächlich um die „Spitzen" der Struktur, die Sie vorteilhaft mit 120er-Papier anschleifen können.
Spülen Sie zum Schluß die Oberfläche, bürsten Sie noch einmal nach und lassen Sie das Deck trocknen.

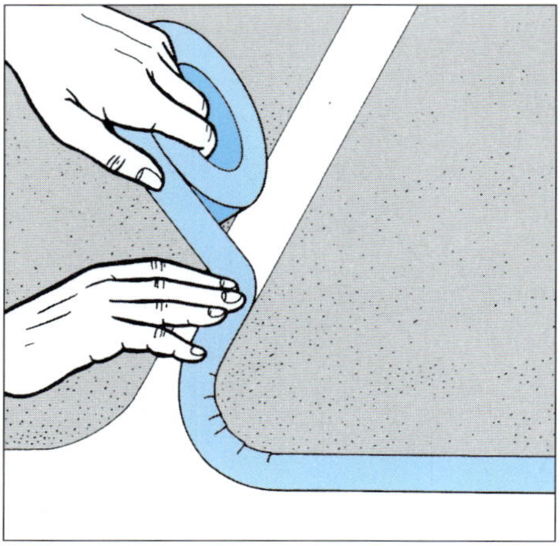

3 *Wenn das glatte Deck fertig ist, können Sie dort mit dem Abkleben beginnen.*

4 *Mischen Sie einen passenden Anti-Slip-Zusatz in die Farbe und rühren Sie sorgfältig um. Dies ist der einfache Weg, um die Farbe „stumpf" zu machen. Passen Sie aber auf, daß sich die Zusätze (weil schwerer) nicht am Dosenboden absetzen. Es gibt inzwischen auch Additive, die in der Schwebe bleiben.*
Eine andere Methode für ein gefälligeres Ergebnis: Sie tragen zunächst die 2-Komponenten-Farbe auf und streuen dann die Additive in die noch feuchte Farbe (aus einem Sieb oder von Hand). Nach dem Abbinden entfernen Sie den überschüssigen Rest und streichen einen zweiten Lackauftrag darüber, um alle Teilchen einzubinden.

Antirutschbelag

Die beste Rutschfestigkeit erreicht man durch die Verwendung von Belägen aus einem Kork-Gummi-Gemisch (wie zum Beispiel Treadmaster oder Polygrip). Sie sind als Ersatz für abgetretene, alte Beläge oder Strukturen bestens geeignet. Wenn Sie vorher das Deck streichen, malen Sie etwa 10 bis15 Millimeter bis in den zu beklebenden Bereich hinein.

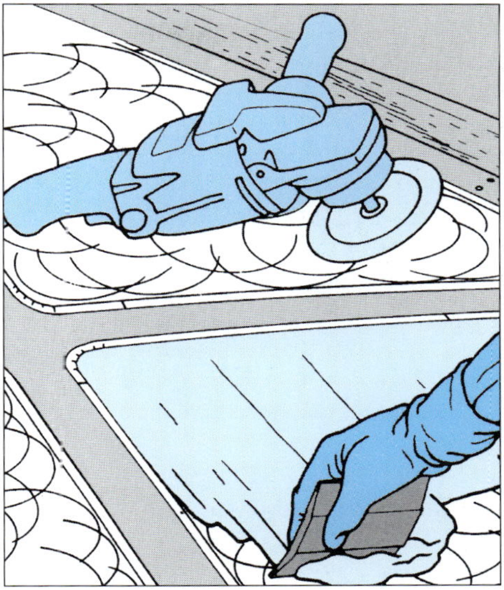

Reparatur der Oberfläche

Entfernen Sie alle Strukturen. Mit einer rotierenden Schleifscheibe (36er-Korn) oder einem Bandschleifer läßt sich das schnell bewerkstelligen. Seien Sie vorsichtig, daß Sie nicht außerhalb der Strukturfläche das Deck beschädigen. Es ist weder notwendig noch wünschenswert, daß absolut alle Unebenheiten geglättet werden. Verfüllen Sie die restlichen Vertiefungen mit Epoxyd-Spachtel. Nach dem Aushärten schleifen und für die Verklebung vorbereiten.

Ausschneiden der Belagsteile

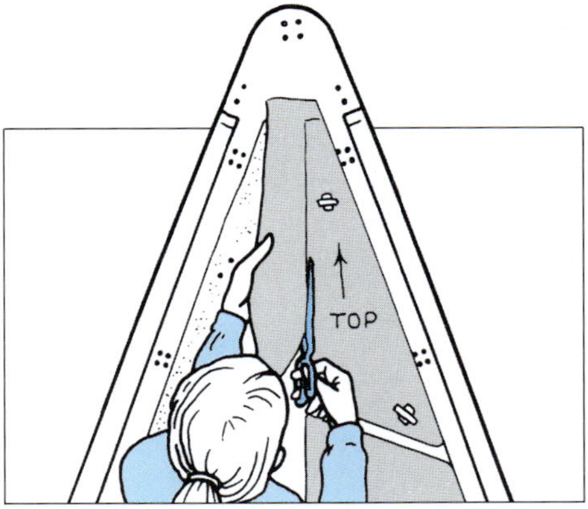

1 *Machen Sie sich zuerst eine Schablone aus Pappe. Zunächst auf Übermaß schneiden, auf Deck fixieren und dann die genaue Kontur nachzeichnen. Zum Fixieren der Schablonen schneiden Sie Löcher in die Mitte der Schablonen, die Sie mit Tape dann überkleben. Benutzen Sie ein flexibles Lineal für die unregelmäßigen Radien; für die regelmäßigen Radien können Sie ein rundes Gefäß benutzen (Dosenboden). Zwecks Optik und Wasserabfluß lassen Sie einen Rand von zirka 30 Millimeter zwischen den einzelnen Belägestücken. Zur Fußreling und zum Aufbau etc. lassen Sie einen Rand von mindestens 50 Millimeter. Markieren Sie die Schablonen mit OBEN, um Verwechslungen beim späteren Schneiden zu vermeiden. Und ziehen Sie eine Linie parallel zur Mittschiffslinie mit einem entsprechenden Pfeil VORAUS und einem Pfeil ACHTERN, damit Sie nach dem Muster des Belages schneiden können.*

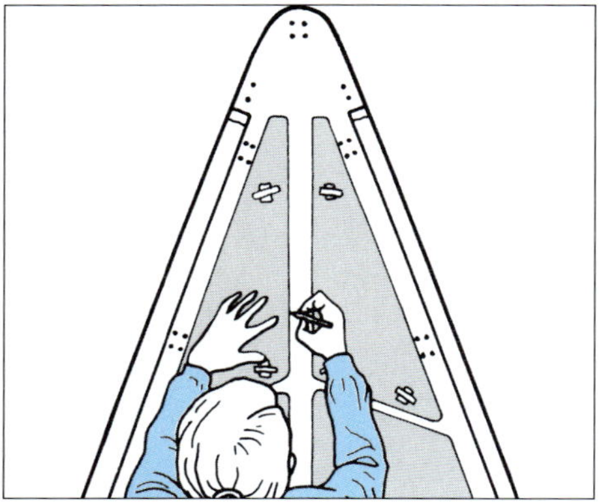

2 Schneiden Sie nicht *nur eine Schablone für eine Seite, um sie dann spiegelverkehrt für die andere Seite zu verwenden. Boote sind nie ganz symmetrisch, und auch die Beschläge sitzen oft unterschiedlich. Für jede Fläche also eine Schablone. Wenn Sie sie fertig haben, kleben Sie alle Teile auf, um den Gesamteindruck zu sehen (strakt alles?). Ziehen Sie dann eine Bleistiftlinie um alle Schablonenkanten und kleben Sie das Deck mit Tape ab.*

Beläge ausschneiden

1 Heften Sie die Schablonen mit der „Oben-Seite" gegen die Rückseite des Belages. Zwei Dinge sind zu beachten: Minimierung des Verschnittes und die Strukturen des neuen Belages, die aus optischen Gründen immer in einer Richtung verlaufen müssen. Die „Decks-Linie", die Sie auf der Schablone gezogen haben, zeigt Ihnen die Richtung an.

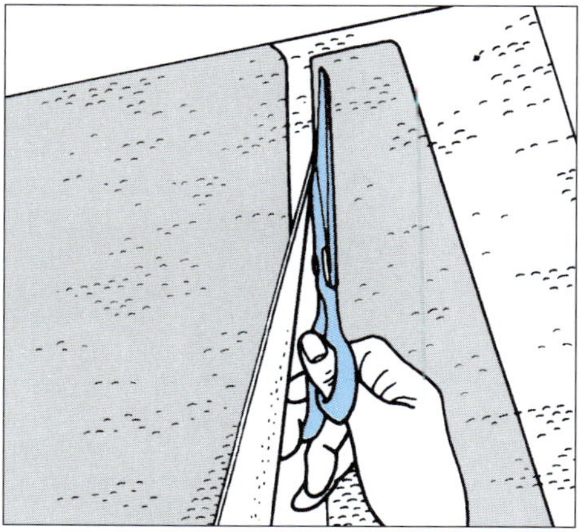

2 Schneiden Sie den Belag mit einer Klinge (Cutter) oder einer schweren Schere.

Aufbringen der Beläge

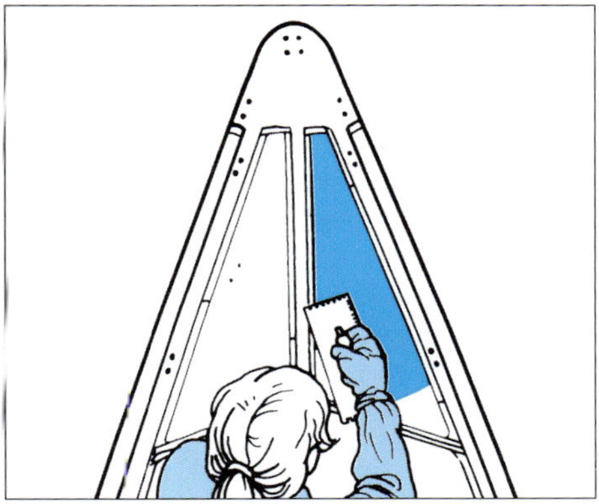

1 Wenn der Hersteller keinen besonderen Kleber vorschreibt (siehe Produktbeschreibung), dann benutzen Sie angedicktes Epoxyd. Mit einem Zahnspachtel werden das Deck und die Belagrückseite eingestrichen.

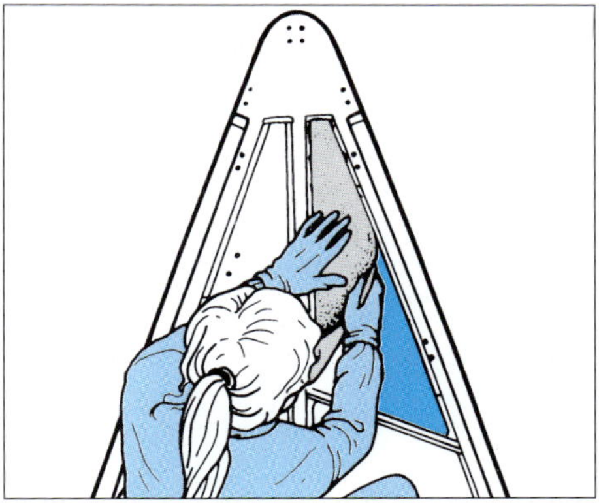

2 Sie legen dann den Belag paßgenau auf und drücken ihn an – Sie beginnen damit immer in der Mitte des Belages und streichen dann zu den Rändern (damit keine Blasen eingeschlossen werden).

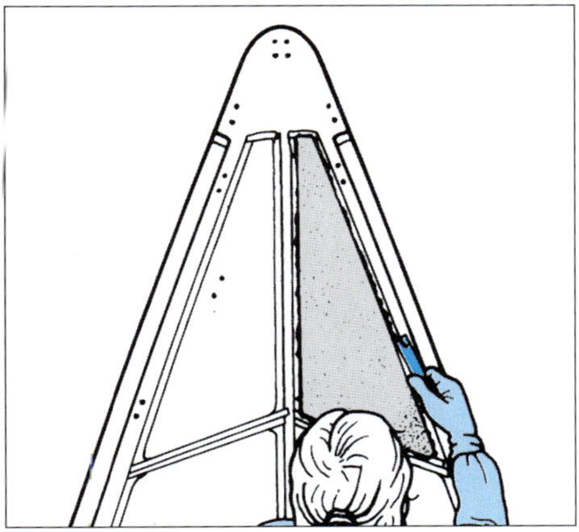

3 Herausquellende Klebmasse streifen Sie sofort mit einem Messer ab und beseitigen den Rest mit einem Azeton-Lappen. So werden nacheinander *alle Belagsteile* einzeln *aufgebracht.*

Teakdecks

Reinigung

Unbehandelte Teakdecks guter Qualität werden nach normaler sauberer Bewitterung gleichmäßig aschgrau. Aber die Beeinträchtigungen durch die heutige Luftverschmutzung lassen die Decks fast schwarz werden. Beginnen Sie mit der Reinigung auf sanfte Weise – mit dem schwächsten Mittel zuerst. Der Fachhandel hält dafür Bleich- und Reinigungssmittel bereit. Auch kann „grüne Seife" sehr gute Dienste leisten. Lassen Sie das Reinigungsmittel im feuchten Zustand einwirken und dann mit einer nicht zu harten Bürste nacharbeiten. Immer viel Wasser benutzen und sanft in Faserrichtung bürsten. Keine Chemie verwenden, die die Vergußmasse angreifen kann. Bei „grünen" Decks (infolge von Algenbewuchs) mit kräftiger Salzwasserlösung einwirken und dann nachspülen.
Zu starkes Entfetten des Holzes hat schnelles Einschmutzen zur Folge.

Bleichen

So gut man auch mit Chlorlösung weiße Baumwollsocken bleichen kann, für Teakdecks ist sie ungeeignet. Besser ist ein Bleichmittel, das der Fachhandel speziell für Teakdecks anbietet. Sie können es auch mit Haushaltsscheuermitteln versuchen. In jedem Falle: nehmen Sie sich Zeit – lassen Sie die Mittel einwirken, bevor Sie mit Bronzewolle oder Scotchbrite in Faserrichtung nachreiben. Nie Stahlwolle verwenden! Sie bekommen Rostflecken am Schiff, die nur schwer zu entfernen sind. Alle Reinigungsmittel greifen GFK und Lacke an – spülen Sie also nach der Reinigung kräftig mit Wasser nach; besonders in Ritzen und an der Alu-Fußreling.

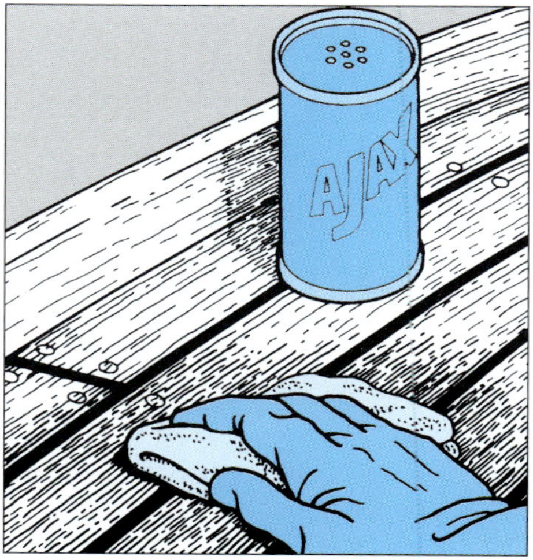

Zwei-Komponenten-Reiniger

Zwei-Komponenten-Reiniger sind sehr effektiv zum Reinigen von verschmutztem, fleckigem und vernachlässigtem Teakdeck. Aber diese Lösungen haben scharfe chemische Substanzen. Sie sollten Sie nur und sehr sparsam verwenden, wenn alle anderen Methoden keinen Erfolg hatten. Denken Sie auch an die Umwelt.

1 Feuchten Sie die Teakstellen gut an, benutzen Sie einen Nylon-Flachpinsel zum Auftragen der ersten Komponente. Vermeiden Sie den Kontakt mit angrenzenden Flächen. Bei einer Bürste mit Naturborsten lösen sich die Fasern auf.

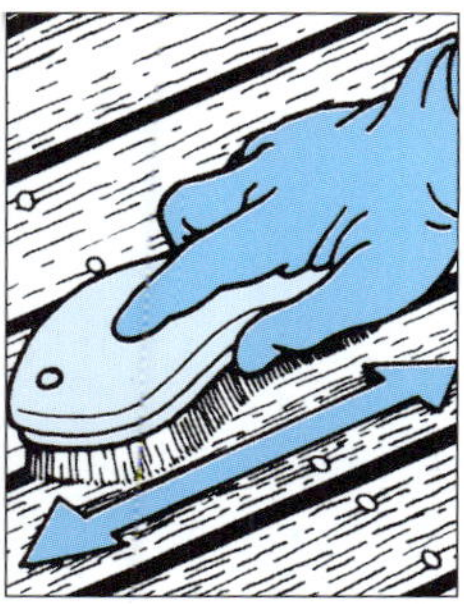

2 Bürsten Sie in Faserrichtung.

3 Mit der zweiten Komponente wird die erste neutralisiert, und außerdem besitzt sie Reinigungskraft. Streichen Sie genügend auf, bis ein einheitlicher Farbton entsteht. Bürsten Sie leicht nach.

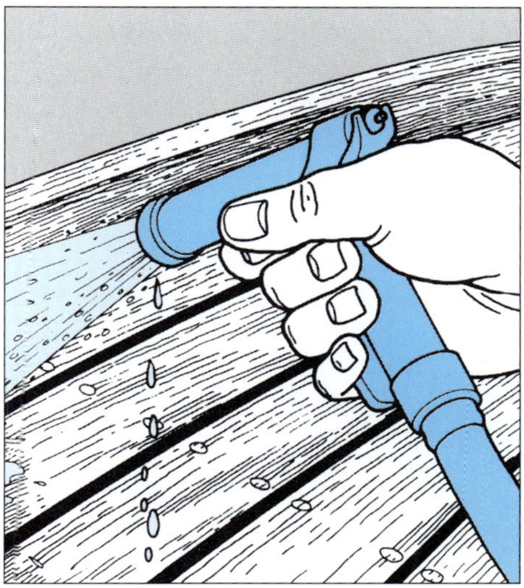

4 Ganz wichtig: Spülen Sie kräftig nach, bis alle Rückstände beseitigt sind. Beachten Sie die Umweltschutz-Auflagen. Schmutzwasser auffangen und entsorgen.

Oberflächenbehandlung

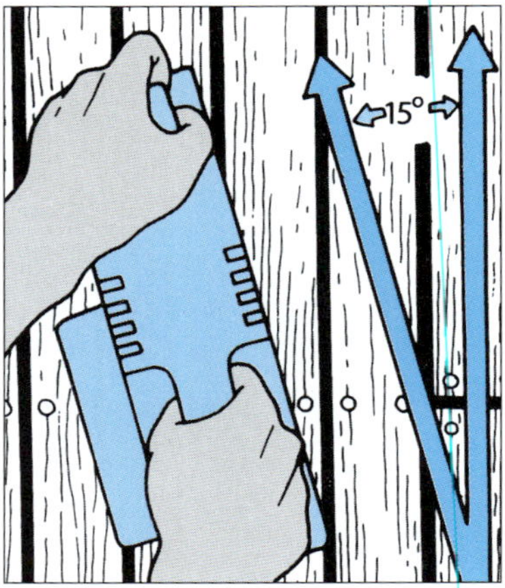

Nach einer Anzahl von Jahren wird das Teakdeck rauh und riffelig. In diesen vielen Vertiefungen können sich dann Schmutz, Algen und Schimmel leicht festsetzen, und es wird immer schwieriger, das Deck sauberzuhalten. Die einzige Lösung: Schleifen Sie das Deck mit einem Bandschleifer (120er-Korn), und zwar in einem Winkel von 15° zur Faserrichtung. Tragen Sie so wenig wie möglich von der Oberfläche ab.

Vergußmasse erneuern

Die folgende Beschreibung bezieht sich auf eine Teilausbesserung, aber die Arbeitsschritte sind für eine vollständige Decksbehandlung identisch.

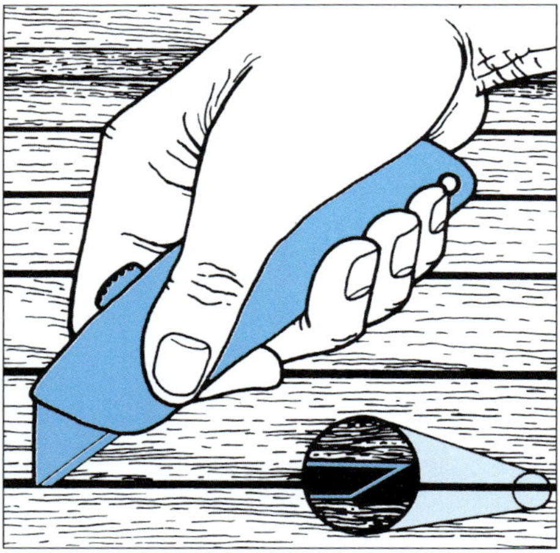

__1__ Mit einem Cutter zirka 50 Millimeter hinter der beschädigten Stelle die Dichtungsfuge diagonal durchtrennen. Dann die zu erneuernde Vergußmasse an den Rändern freischneiden. Nicht das Holz dabei beschädigen.

__2__ Entfernen Sie die Vergußmasse. Dies geht sehr gut mit einer präparierten Feile: Das Feilenende wird erhitzt, umgebogen, abgeschreckt, parallel auf Nutmaß geschliffen und vorn angeschärft (wie ein Stecheisen). Die Reste absaugen.

3 *Mit einem kleinen Pinsel tragen Sie zweimal den entsprechenden Primer auf. Anschließend den Fugenboden mit schmalem Spezialtape auskleben, damit die Vergußmasse nur an den Flanken haftet.*

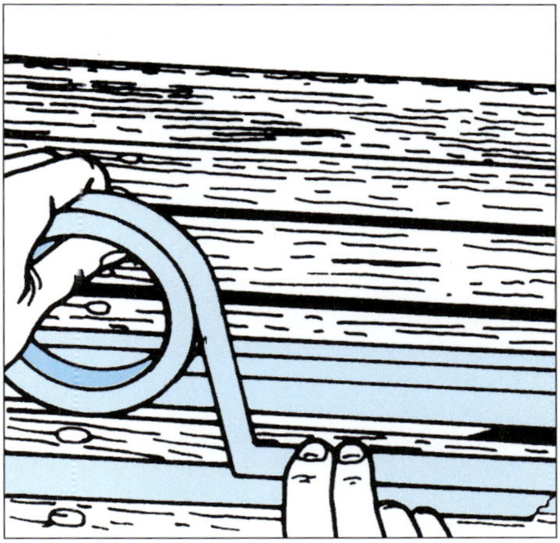

4 *Dann die Seiten der Nut abkleben.*

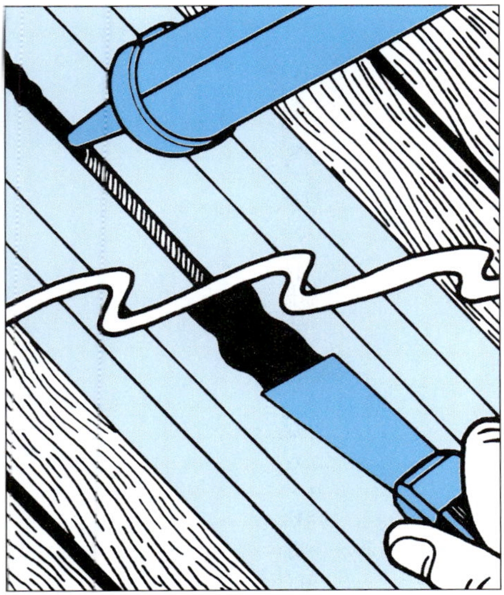

5 *Die richtige Vergußmasse: ein Zweikomponeten-Polysulfid. Mixen Sie die beiden Komponenten nach Herstellerangaben gut durch, rühren Sie keine Blasen in das Gemisch. Dann eine Kartusche mit der Vergußmasse befüllen. Die Tüllenspitze muß genau in die Nut passen, denn die Nut muß vom Boden aus befüllt werden. Vorsichtig und ohne Absatz die Nut auffüllen, bis die Vergußmasse etwas nach oben übersteht. Dann mit einem Spachtel glätten und das Tape vorsichtig entfernen. Die Vergußmasse wird nach dem Glattziehen mit dem Spachtel etwas hochkommen, aber wieder zurückgehen, wenn sie abbindet.*

Wie findet man eine schadhafte Fuge ?

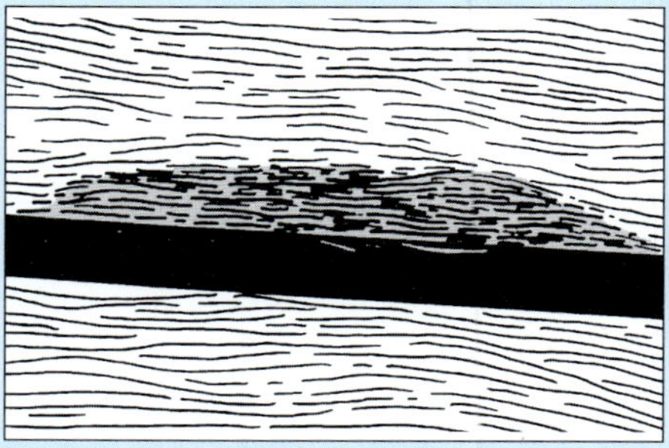

Wie kann man herausbekommen, an welcher Stelle des Decks eine Leckage vorhanden ist? Das Holz wird es Ihnen erzählen. An einem sonnigen Tage wässern Sie Ihr Deck für etwa eine halbe Stunde und lassen es anschließend wieder trocknen. Schon nach kurzer Zeit werden Sie die Fehlerstellen finden: Immer dort, wo das Holz dunkle nasse Stellen zeigt, ist Wasser zwischen Holz und Vergußmasse eingedrungen. Mit einer Messerspitze können Sie die Vergußmasse vom Holz trennen. Markieren Sie alle so gefundenen Stellen und reparieren Sie sie bevor größere Fäulnisschäden entstehen.

Erneuerung von Pfropfen

Die häufigsten Probleme am Teakdeck findet man an den Pfropfen. Jahrelanges Schrubben macht nicht nur den Decksbelag dünner, sondern auch die Pfropfen, bis sie eines Tages den Biege- und Ausdehnungsbelastungen nicht mehr standhalten können. Durch Einsetzen *neuer* Propfen kann man den Schaden beheben, was allerdings ein besonderes Verfahren erfordert.

1 *Entfernen Sie den alten Pfropfen vorsichtig, ohne den Rand der Bohrung zu beschädigen. Entfernen Sie die Schraube. Senken Sie – wenn genug Dicke vorhanden – die Bohrung im Teak etwas tiefer, setzen Sie die Schraube mit Dichtmittel wieder ein.*

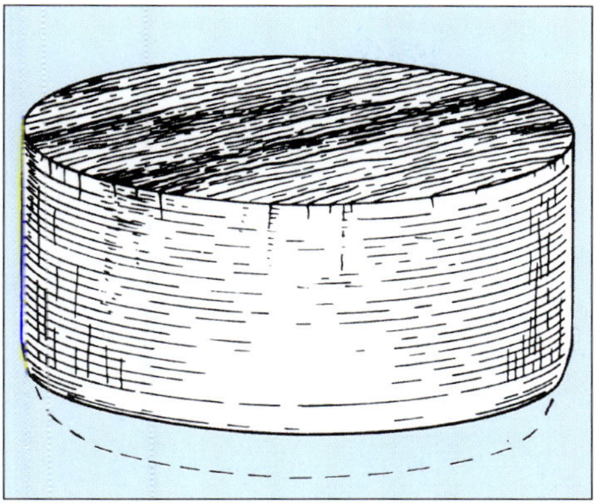

2 Phasen Sie den Propfen am unteren Rand ganz leicht an und glätten Sie die Unterseite rechtwinklig auf Sandpapier, damit er so tief wie möglich eindringen kann.

3 Mit Azeton reinigen Sie die Bohrungswandungen und den Schraubenkopf. Dann 20 Minuten ablüften lassen.

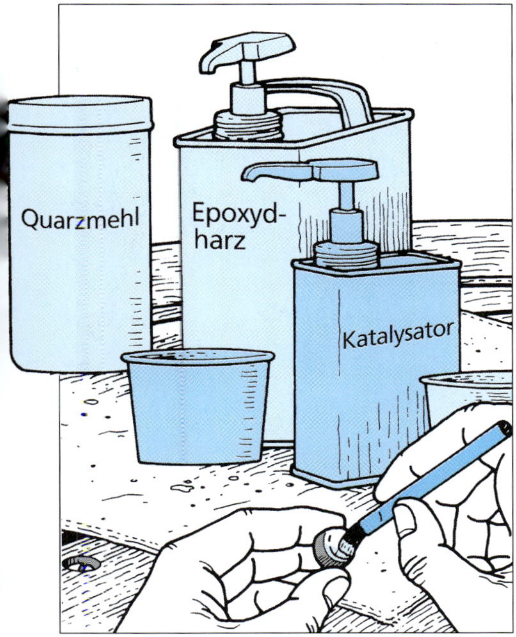

4 Wenn man einen ganz flachen Pfropfen einsetzen will, muß man Epoxyd-Kleber zu Hilfe nehmen. Streichen Sie zunächst alle Haftflächen mit Epoxyd/Härter ein. Dann rühren Sie einen Teil mit Füllstoff und Härter an, streichen alle Flächen damit ein und drücken den Pfropfen so tief es geht in die Bohrung. Überquellendes Epoxyd sofort wegwischen.

5 *Wenn das Epoxyd gut durchgehärtet ist, setzen Sie ein Stecheisen – mit der ebenen Klingenseite nach oben – an. Etwa 5–7 mm über dem Teakstab stoßen Sie den oberen Teil ab. Sie sehen nun – je nach Maserungsverlauf –, daß die Spaltstelle* nie rechtwinklig *ist. Setzen Sie ein zweitesmal das Eisen an – jetzt an der „tieferen" Seite des Pfropfen; 2–3 mm über dem Deck abstoßen.*

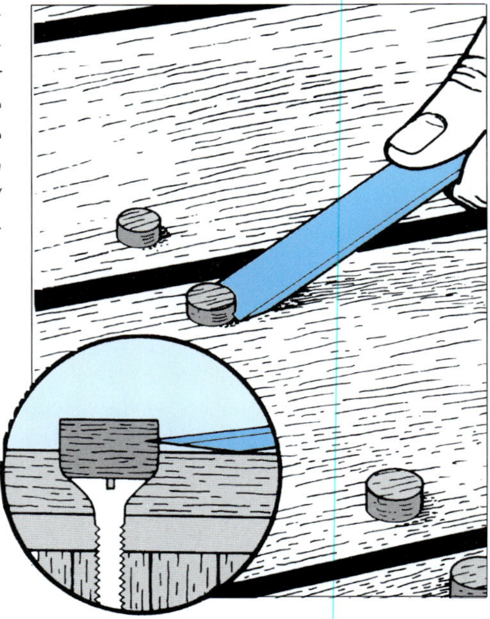

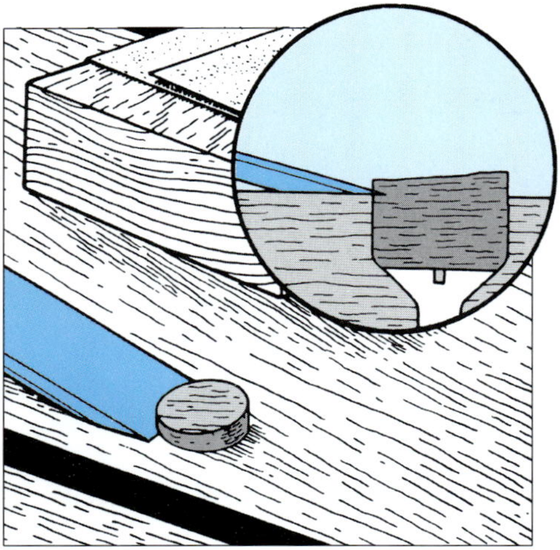

6 *Mit dem scharfen Stecheisen – möglichst einem breiten für gute Auflage – kürzen Sie jetzt in ganz dünnen Scheibchen den Pfropfen weiter herunter. Und auch hier: immer von der* niedrigeren *Seite arbeiten. (Andernfalls bricht der Pfropfen* in der Bohrung, *und Sie müssen die Arbeit wiederholen.) Den Rest schleifen Sie dann mit einem Schleifklotz herunter.*
Wenn Sie diese Arbeit zum ersten Mal machen: Üben Sie vorher an einem Modellstück.

Auswechseln von Stäben

Gelegentlich reißt ein schlechter Teakstab, oder eine andere Beschädigung macht das Auswechseln notwendig. Aber die meisten Probleme kommen von unten – eine nasse Stelle führt zum Verrotten des Holzes, und für eine effektive Reparatur muß der Stab ausgewechselt werden. Seit bekannt ist, daß die Leckageprobleme oft durch die Verschraubungen kommen, wollen einige Eigner auf eine Neubelegung verzichten, andere aber das gute Aussehen und die Rutschfestigkeit eines Teakdecks nicht missen. Eine gute Verlegung minimiert das Leckrisiko und schützt somit das Sandwichdeck.

1 *Wenn Sie mehr als einen Stab auswechseln, numerieren Sie die Stäbe wie rechts im Bild.*

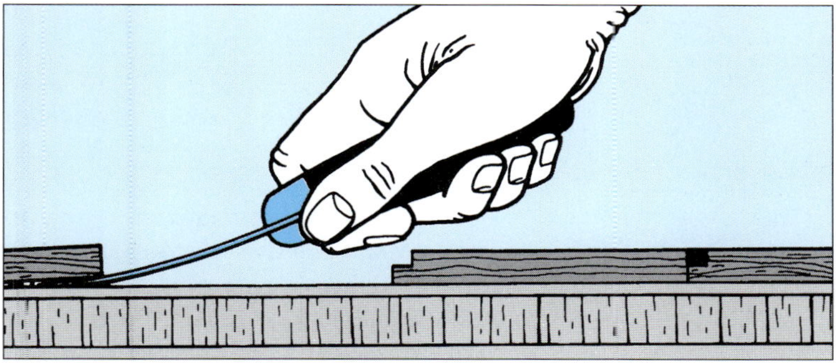

2 *Mit den Pfropfen entfernen Sie auch vorsichtig die Schrauben, wenn Sie den Stab wieder verwenden wollen. Nachdem Sie alle Vergußmasse in der Nähe entfernt haben, hebeln Sie den Stab mit einem breiten Stecheisen vorsichtig an.*
Wenn der Stab in gummiartiger Vergußmasse sitzt, wird er sich recht leicht abhebeln lassen. Wenn er aber mit Polysulfid eingesetzt ist oder gar mit Epoxyd auf Sperrholz, dann müssen Sie den Stab zerstören und stückchenweise abtragen.
Schneiden Sie mit einem Messer die Ränder zu den angrenzenden Stäben sauber frei. Manchmal kann man mit einem dünnen Stahldraht – der an jedem Ende einen kleinen Holzgriff hat – unter den Stab fassen, um die Verklebung zu durchtrennen.

3 Kratzen und schleifen Sie alle alten Vergußmassenreste herunter.

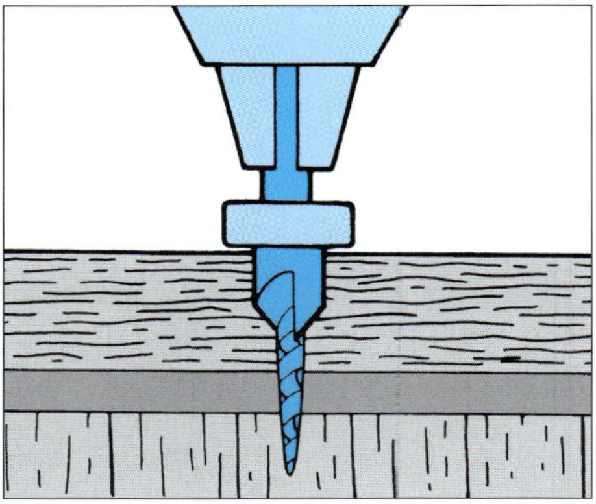

4 Wenn die Schaumfüllung trocken ist, spritzen Sie die Bohrungen mit Epoxyd voll. Geben Sie dem Harz ein wenig Zeit, damit sich der Schaum vollsaugen kann. Mit einem kleinen Pinsel oder einem kleinen Holzstab ziehen Sie die Oberfläche glatt.

Für mehr Sicherheit können Sie das Loch größer aufbohren, die Lochflanken mit Epoxyd einstreichen und dann mit angedicktem Epoxydharz verfüllen. Wenn alles ausgehärtet ist, können Sie das Loch für die Schraube erneut bohren.

5 Wenn Sie neue Stäbe verwenden, verfüllen Sie die alten Bohrungen wie beschrieben und bohren Sie neue Schraubenlöcher an anderer Stelle. Sie bohren durch den in Position sitzenden Stab mit einem Spezialbohrer, der zwei verschiedene Durchmesser hat. Die Senkbohrung (für den Schraubenkopf) geht dabei etwa $^2/_3$ der Stabdicke tief hinein.

Im Handel gibt es diese Bohrer auch ohne Senkkopfschliff für Spezielschrauben mit einem ganz dünnen, flachen Kopf. Diese Schrauben haben den Vorteil, daß man weniger tief bohren muß und dennoch genügend Länge über dem Schraubenkopf für den Pfropfen verbleibt.

6 Entfetten Sie das Deck und die Unterseite der Stäbe mit Azeton. Für noch bessere Haftung können Sie das Holz primern. Mit einem Zahnspachtel wird die Zweikomponenten-Vergußmasse aufgetragen.

7 Bringen Sie den Stab in die genaue Position. Durch Verkeilen können Sie ihn fixieren; setzen Sie die Schrauben wie vorher beschrieben ein. Kreuz-Schlitzschrauben bieten sich an, weil man nicht so schnell mit dem Schraubendreher abrutscht und dadurch die Flanken der Pfropfenbohrung nicht beschädigt werden.

8 Anschließend können die Pfropfen, wie bereits beschrieben, eingeschlagen und eingeebnet werden. Mit dem Schleifen aber erst beginnen, wenn die Vergußmasse richtig durchgehärtet ist. Andernfalls setzt sich das Schleifpapier zu schnell zu. Je nach Temperatur kann das Aushärten bis zu 14 Tage dauern.

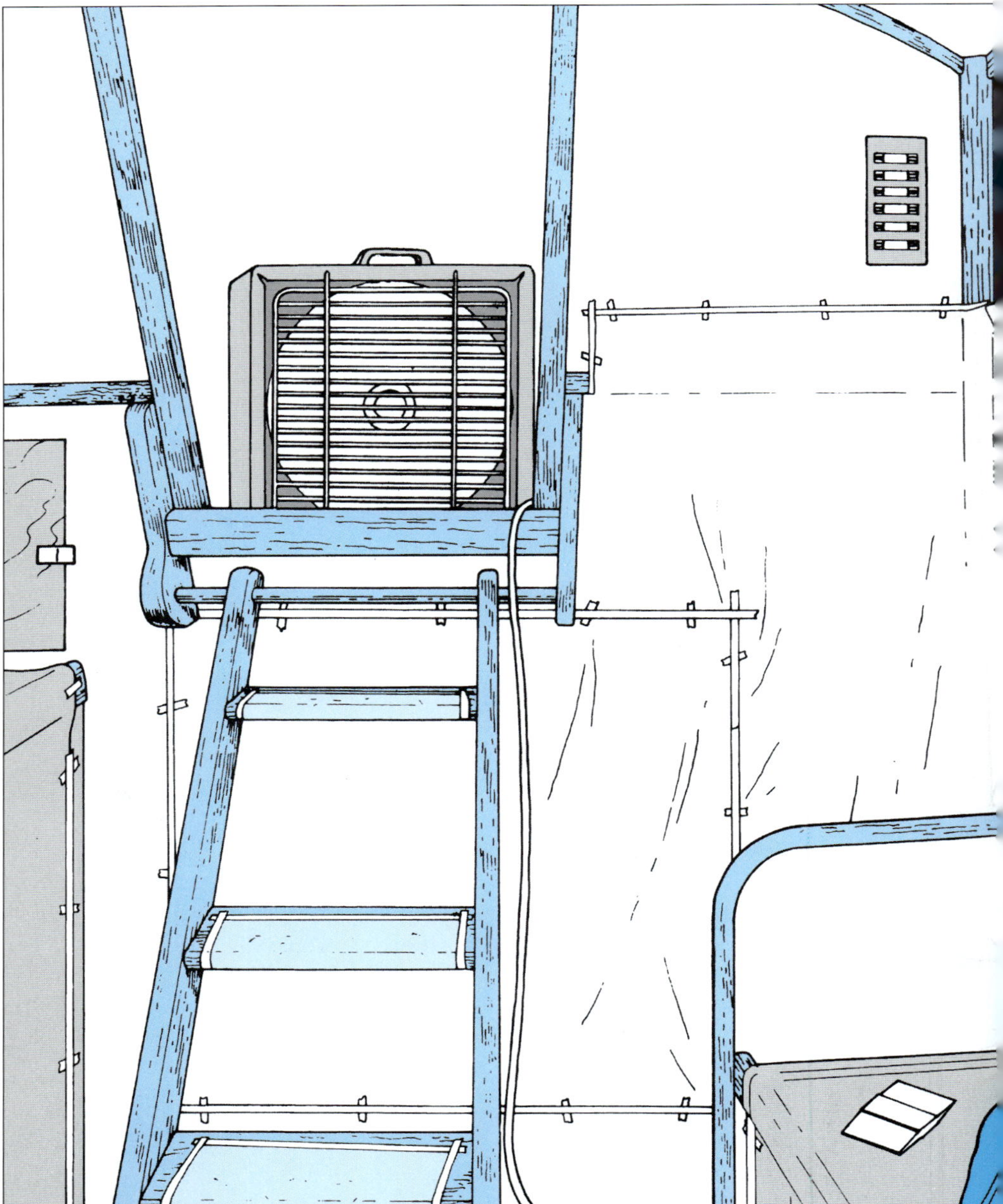

Laminatreparaturen

Die bisher beschriebenen Rumpf- und Deckreperaturen sind entweder kosmetisch gewesen oder haben sich mit Leckagen beschäftigt – Probleme, die mit einer richtigen lokalen Behandlung behoben werden können. Aber manchmal sitzt das Problem unter der Oberfläche: Dem Originallaminat fehlt die erforderliche Steifigkeit; Feuchtigkeit hat Zerfall und Delamination verursacht; oder die Glasfasern sind durch Außeneinwirkungen gebrochen. Diese Probleme erfordern dann umfangreichere Reparaturen.

Fiberglas ist wegen seiner Widerstandsfähigkeit zum vorherrschenden Bootsbaumaterial geworden, seine Reparaturfähigkeit trägt nahezu zur Unsterblichkeit bei. Die größten Löcher in einem Fiberglasrumpf sind schnell gestopft mit einem Stück Glasfaser, einer Dose Harz und gleichen Anteilen von Können und Vorsicht. Dann ist die Reparatur weniger Flickwerk, sondern Wiederherstellung der alten Struktur.

Mit einem Pinsel, einem Becher Wasser und einem Stück von einem alten T-Shirt können Sie alle notwendigen Fähigkeiten für einen Fiberglasauftrag erwerben.

Verstehen Sie das nicht falsch: Durch behinderten Zugang zur Reparaturstelle oder bei komplexen Formen können Laminatreparaturen ehrlicherweise nicht als einfach bezeichnet werden, aber solche Probleme sollten Bootseigner nicht abschrecken.

Die meisten Bootseigner denken vielleicht, ein selbst aufgetragenes Laminat sei nur etwas haltbarer als ein Heftpflaster. Das sind aber unberechtigte Bedenken. Beachten Sie ein paar Regeln – aufgestellt in diesem Kapitel –, und Ihre Laminatreparatur wird genauso gut oder besser sein wie das, was Sie von einer Werft erwarten können. Und es wird im nächsten Jahrzehnt auch noch halten.

Wissenswertes über Polyesterharz

Polyesterharz ist eine flüssige Masse, die Glasfasern einbindet zu einer festen Masse, die kurz GFK (Glasfiberkunststoff) genannt wird. Polyesterharz bindet unter Einwirkung von eingerührtem Härterzusatz zu Kunststoff aus. Er wird nicht so hart, um Kugeln abzuwehren, aber es entsteht ein bernsteinfarbener Duroplast, der in Verbindung mit Faserstoffen (wie Glas, Kohle oder Kevlar) zu einem extrem belastbaren Kunststoff im Bootsbau wird. Polyesterharze sind nicht immer gleich, jeder Hersteller hat sein eigenes Rezept. Wenn Polyester zur Reparatur vorgeschlagen wird, kann es manchmal noch besser sein, wenn Sie Epoxydharz (teurer) verwenden.

Unterschied zwischen Laminat und Topcoat

1 *Sie müssen unterscheiden zwischen Laminatharzen und Topcoats (Deckschichtharzen). Laminatharz wird nicht an der Luft getrocknet, es ist weder Lack noch Farbe, sondern härtet in einem chemischen Prozeß aus. Man spricht von einer Verkettung der Moleküle, hervorgerufen durch den vor der Verarbeitung eingemischten Härter. Luft kann sogar den Prozeß stören.*
Wenn Sie Reparaturen ausführen, die mehrere Lagen erfordern, dann ist es unumgänglich, daß Sie Laminatharze verwenden, die nach dem Aushärten klebrig bleiben, um mit den nachfolgenden Lagen eine innige chemische Verbindung eingehen zu können. Um die letzte Außenlage schließlich „klebfrei" zu bekommen, wird ein Topcoat (Finish-Harz) darübergestrichen.

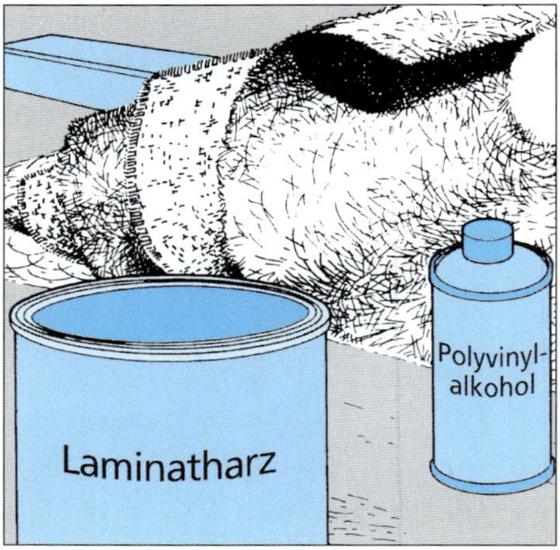

2 *Finish-Harz und Laminatharz sind fast identisch, aber mit einem Unterschied: Topcoat hat einen Zusatz, ein Wachs oder Öl, das auf der Oberfläche „schwimmt". Dadurch wird die Luft ferngehalten, und das Harz kann vollständig aushärten. Sie können es gleich verwenden, wenn nur eine Lage aufgelegt werden soll. Bei mehreren Lagen verwenden Sie es nur für die Schlußlage.*

Ortho, ISO oder Vinylester-Harze?

In den ersten 30 Jahren des GFK-Bootsbaus wurden fast ausschließlich Orthoharze verwendet. Ortho war preiswert, ließ sich gut verarbeiten und zeigte keine Nachteile – bis eines Tages die Osmose zutage kam.

ISO-Harze (Isophthal) sind ein wenig teurer, haben aber in weiten Bereichen das Orthoharz abgelöst, da die Osmosegefahr geringer ist, und es scheint auch säurebeständiger zu sein. Wenn Sie eine Reparaturpackung kaufen, werden Sie fast immer ein ISO-Harz (Polyester) bekommen.

Vinylester wurde lange Zeit nur für Regattayachten verwendet, weil es besonders hohe Haftkraft besitzt und außergewöhnlich schlagfest ist. Aber aufgrund der hohen Feuchtigkeitssperre des Harzes wurde der Anwendungsbereich immer größer. Viele namhafte Werften sind dazu übergegangen, ausschließlich dieses Harz zu verwenden, um Osmose so gut wie auszuschließen. Auch für Reparaturen ist es die bessere Wahl.

Wieviel Härter?

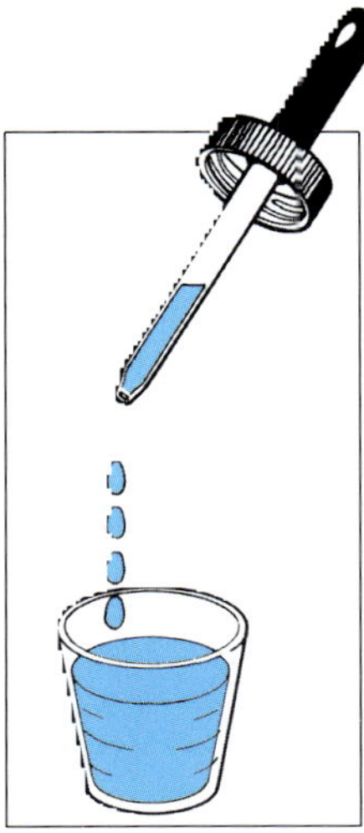

Der Härter für Polyester heißt MEKP (Metyl - Etyl - Keton - Peroxyd). Nicht zu verwechseln mit dem Lösungsmittel MEK!

Normalerweise benötigen Sie 1 bis 2 Volumenprozent Härter (lesen Sie sich die Hinweise des Herstellers genau durch). Als Daumenregel kann gelten: Vier Tropfen auf etwa 30 Gramm Harz, dann erhalten Sie eine 1%-Lösung. Sorgen Sie für eine vollständige Durchmischung, damit nicht später eine Weichstelle im Laminat entsteht. Mit der Härtermenge können Sie die Abbindezeit beeinflussen (aber bitte nur im Rahmen der Herstellerangaben). Ebenso beeinflussen die Umgebungstemperatur und die Dicke der Laminatschicht die Aushärtzeit. Bei dicken Laminaten entsteht viel Reaktionswärme, die das Aushärten stark beschleunigen kann. Sie sollten vorher einige Versuche machen. Der Aushärtpunkt sollte nicht unter 30 Minuten liegen – zwei Stunden ist ideal – lassen Sie das Laminat über Nacht gut durchhärten.

Achtung: *Zuwenig Härter – das Laminat wird nicht richtig hart. Zuviel Härter, das Laminat wird heiß und spröde.*

Und beachten Sie die gesundheitlichen Risiken – lesen Sie die Packungsbeilagen; halten Sie Kinder fern.

Glasfasermaterial

Glasfasern sind genau das, was der Name schon sagt: hauchdünne Fasern aus Glas. Für Boote kommt das Glas als Standardmatte, Roving oder Gewebe (Glasseide) in Frage.

Standardmatte

Die Standardmatte besteht aus unterschiedlich langen Fasern, die mit einem „Bindemittel" zusammengehalten werden. Standardmatte ist leicht zu verarbeiten, läßt sich leicht mit der Schere schneiden, es gibt sie in unterschiedlichen Dicken, sie stellt eine wasserdichte Schicht her ohne starke Konturen zu hinterlassen, aber sie kann aufgrund der geringen Faserlänge keine hohen Zugkräfte aufnehmen. Sie kaufen sie von der Rolle in unterschiedlichen Breiten und Dicken (Grammgewicht/Quadratmeter).

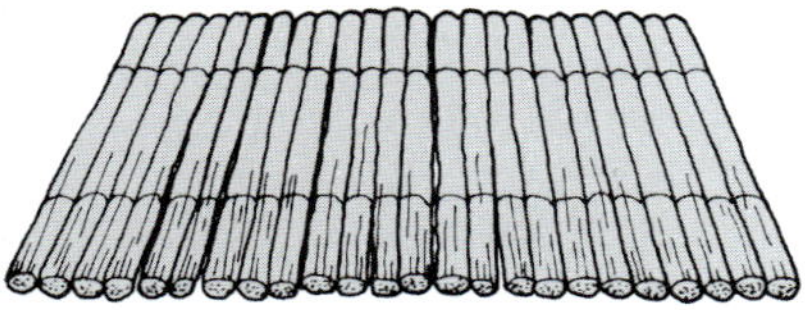

Rovings

Rovings bestehen aus unidirektionalen Glasfasersträngen, die entweder mit feinen Fasern quer verwebt werden, oder die Stränge werden untereinander verwebt (Rovingmatte).

Die unidirektionalen Stränge können sehr gut Kräfte in Faserrichtung aufnehmen, dagegen halten sie quer zur Faserrichtung wenig – da trägt nur das Harz.

Zum Reparieren eignen sich daher nur die Rovingmatten, da sie in den beiden Hauptrichtungen die Kräfte sehr gut und in den anderen Richtungen gut aufnehmen können. Haben Sie nur unidirektionale Stränge zur Verfügung, dann laminieren Sie kreuzweise, damit Sie die Lasten verteilen.

Laminate aus Rovings sollten immer Zwischenlagen aus Standardmatten haben, um die Haftfähigkeit untereinander zu erhöhen. Und immer gut ausrollen.

Je nach Reparaturfläche suchen Sie sich die Rovingmatten aus. Je größer die Fläche, je tiefer die zu laminierende Stelle, desto dicker auch das Roving.

Glasfasergewebe

Glasfasergewebe sieht aus wie eine glänzende Leinwand, nur nicht so eng gewebt. Gewebe ist fester im Verhältnis zum Gewicht als Rovings, leichter beim Laminieren zu verarbeiten, und es ergibt auch eine feinere, glattere Oberfläche nach dem Aushärten. Hersteller nutzen immer eine Mischung aus Roving, Matte und Gewebe – es ist auch die bessere Lösung für Sie bei der Reparatur.

Gewebe sind in den unterschiedlichsten Abmessungen von der Rolle zu bekommen. Je näher Sie beim Laminieren an die Deckschicht kommen, je feiner sollte das Gewebe sein, desto geringer wird die abschließende Spachtelarbeit.

Andere Materialien

Glas ist nicht das einzige Material, das mit Harz verarbeitet werden kann. Bootsbauer verwenden sehr exotische Materialien, um eine besondere Charakteristik zu bekommen. Besonders leicht, besonders flexibel, besonders fest, besonders dehnungsarm – je nach Verwendungszweck. Da gibt es Kohlefaser, Kevlar, Mylar oder Keramik. Aber diese Materialien eignen sich nicht für normale Reparaturen an Rumpf und Deck.

Schleifen ist wichtig

Während eines normalen Laminierprozesses verbinden sich die einzelnen Lagen rein chemisch – so als ob alle Lagen gleichzeitig gesättigt worden wären. Aber ein Lagenaufbau kann trügerisch sein. Wenn nicht in einem Arbeitsgang laminiert wird, kann es vorkommen, daß die Haftung nur rein mechanisch ist. Bei Reparaturen ist die Verbindung zwischen altem und neuem Laminat immer nur rein mechanisch, daher ist eine sorgfältige Vorbereitung des Untergrundes von größter Wichtigkeit.

Bevor Sie allerdings mit dem Schleifen beginnen, entfernen Sie alle Wachs- und Silikonbestandteile von der Oberfläche. Außen wie innen finden Sie Wachsreste von der Herstellung oder der Pflege.

Wenn Sie das nicht machen, werden Sie beim Schleifen das Wachs bis in die tiefsten Rillen verteilen, und mit einer guten Haftung ist nicht zu rechnen.

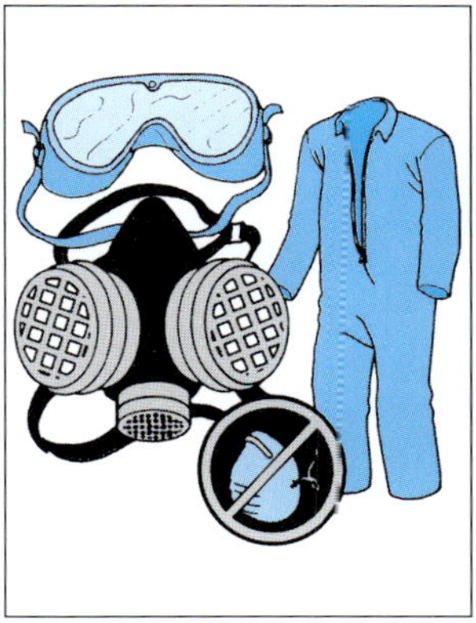

Schützen Sie Ihre Augen mit einer Staubbrille und die Lungen mit einer Atemmaske – eine kleine Staubmaske reicht nicht. Den Körper schützen Sie mit einem Overall und langen Handschuhen. Die kleinen Glasfaserteilchen fliegen beim Schleifen in alle Richtungen.

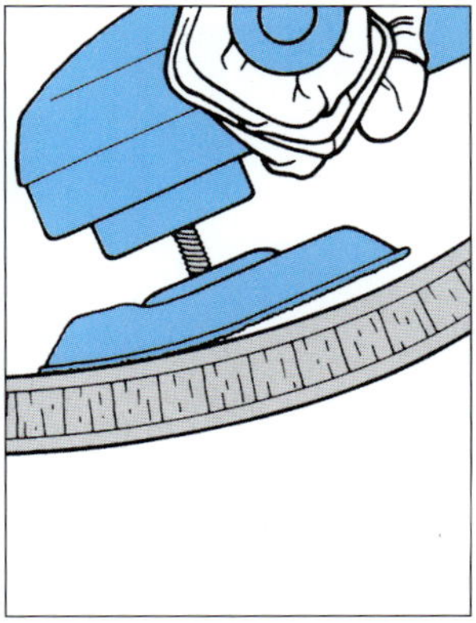

Markieren Sie die Reparaturfläche und schleifen Sie innerhalb dieser Umrandung mit einem flexiblen Schleifteller (etwa 36er-Korn). Halten Sie die Maschine so, daß immer nur eine Seite des Tellers schleift und daß der Schleifstaub gut seitlich von Ihnen wegfliegen kann.

Enfernen Sie den Staub (Abbürsten und Absaugen) und waschen Sie die Flächen mit Azeton. Sollten sich noch blanke Stellen zeigen – den Schleifvorgang und den Reinigungsvorgang wiederholen.

Grundlagen zum Laminataufbau

Vorbereitung

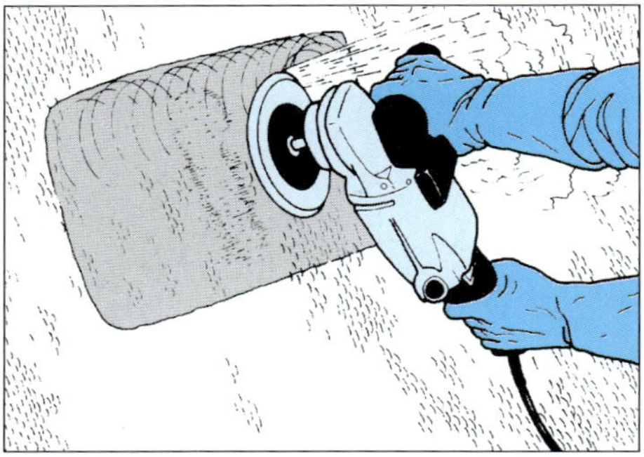

__1__ Entwachsen und schleifen Sie die Reparaturstelle. Spezielle Reparaturen – wir zeigen sie später – verlangen noch gezieltere Vorbereitungen.

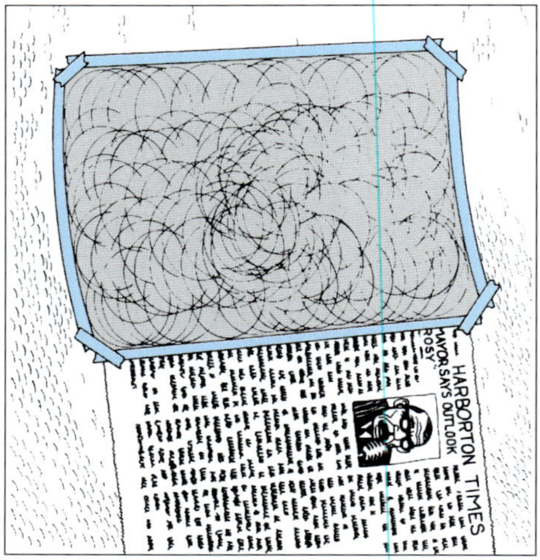

__2__ Schützen Sie die angrenzenden Flächen durch Abkleben. Wachsen Sie diese Flächen, sie lassen sich dann leichter reinigen.

__3__ Schneiden Sie die Glasgelege genau aus und legen Sie sie in der Reihenfolge übereinander, wie Sie sie nachher verwenden wollen. Immer mit einer Standardmatte als kleinstem Teil beginnen und dann größer werden.

Vorbereitungen zur ersten Schicht

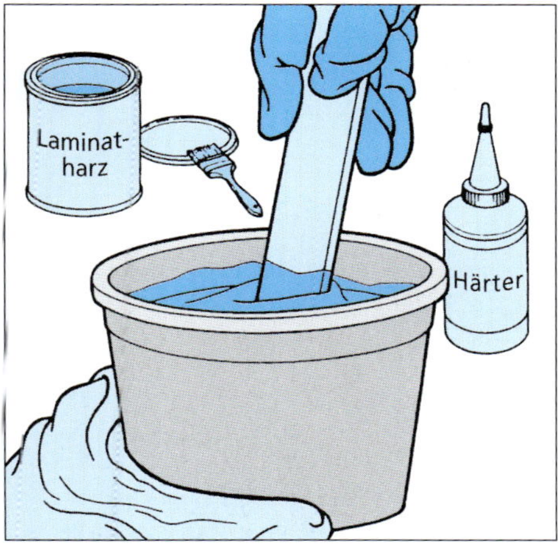

1 Geben Sie Härter in das Harz und rühren Sie sorgfältig um.

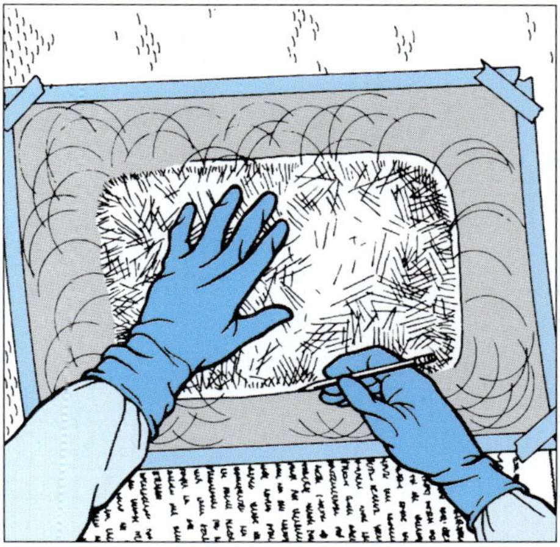

2 Halten Sie die erste Standardmatte auf den Rumpf und zeichnen Sie die Kontur mit einem Bleistift nach. Mit einem Einwegpinsel streichen Sie anschließend die markierte Fläche mit Harz ein.

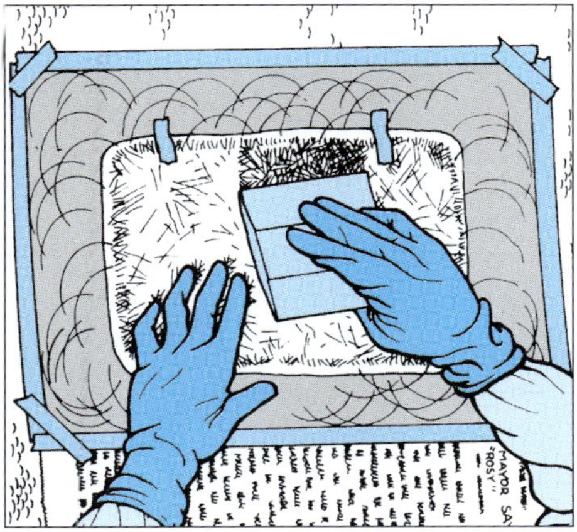

3 Legen Sie die erste Matte auf den nassen Untergrund. An senkrechten Flächen heften Sie das Stück mit Tape an. Mit einem Gummiwischer drücken Sie die Matte fest an, damit das Harz eindringen kann.

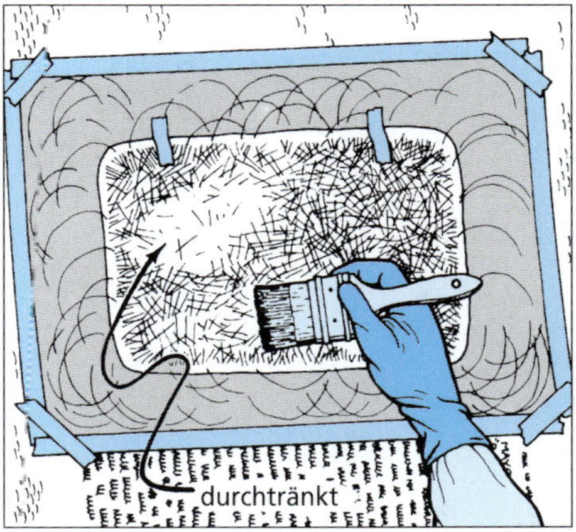

4 Mit einem Pinsel oder einer Rolle tragen Sie gleichmäßig das Harz auf, bis die Matte gleichmäßig transparent wird. Tupfen Sie so lange, bis keinerlei Blasen mehr zu sehen sind.

Weitere Lagen

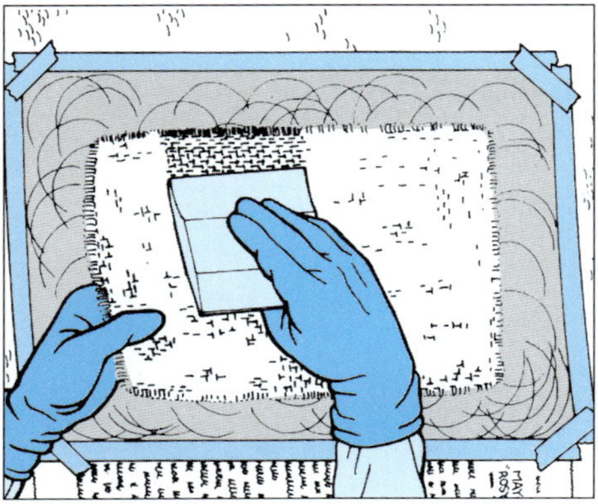

1 *Legen Sie die nächste Lage auf – Roving oder Gewebe – und streichen Sie wieder mit dem Gummiwischer das Glasmaterial auf.*

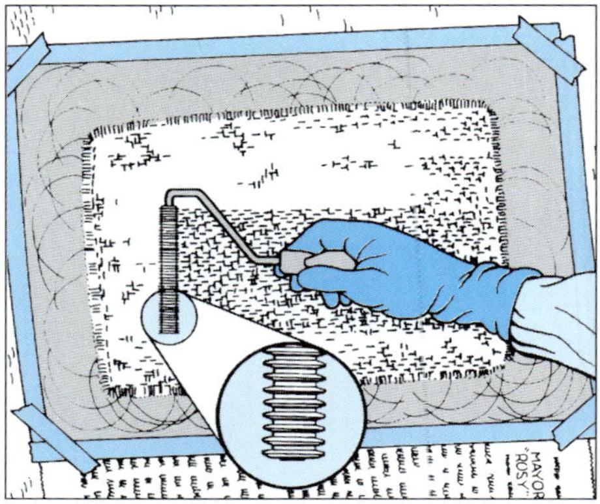

2 *Sie tragen erneut Harz auf. Mit einem Scheibenroller verdichten Sie das Gefüge und entlüften es dabei sorgsam. Übertretendes Harz abstreifen und entfernen.*

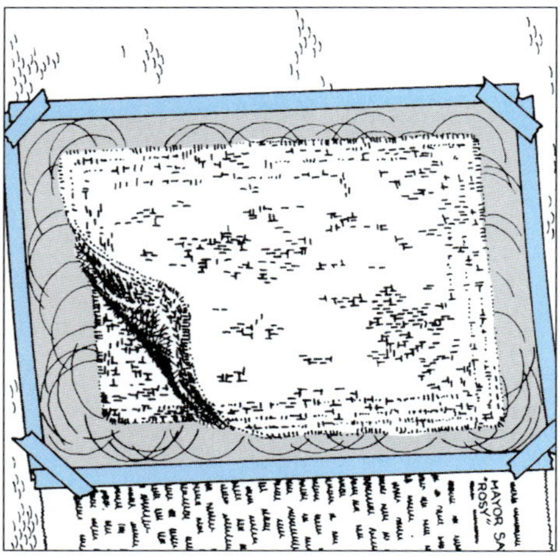

3 *Wenn die Temperaturen nicht zu hoch sind und die Reparaturstelle klein ist, dann können Sie noch zwei weitere Lagen aufbringen, ohne daß es zu einem gefährlichen Wärmestau kommt.*

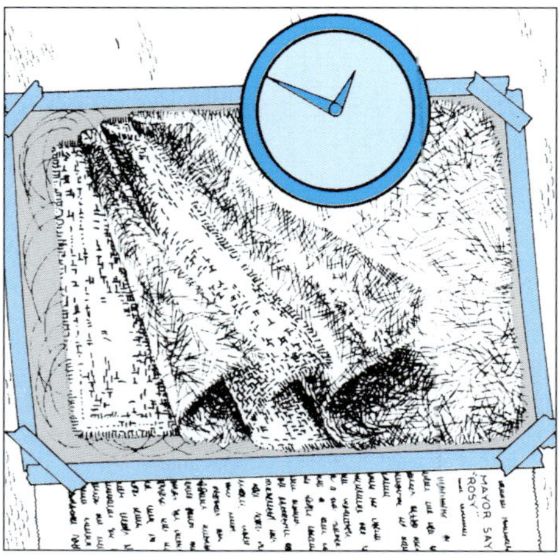

4 *Warten Sie, bis das Harz angezogen hat; dann mixen Sie erneut Harz an und tragen die kommenden Lagen auf, bis die Reparaturstelle aufgefüllt ist.*

Endarbeiten

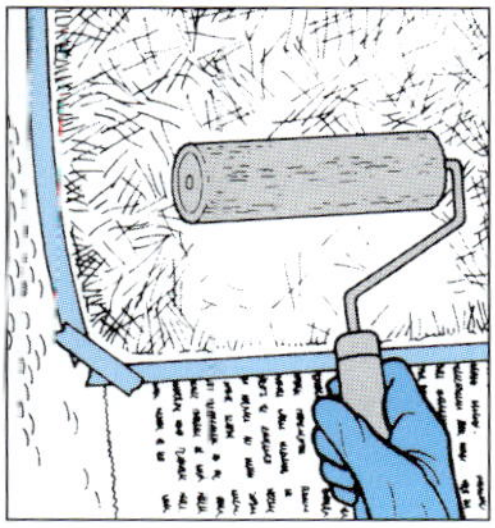

1 Rollen Sie zum Abschluß noch einmal mit der Harzrolle über die letzte Lage – das ergibt eine glattere Oberfläche.

2 Wenn die letzte Schicht angezogen hat, sprühen Sie Polyvinyl-Alkohol gleichmäßig auf, damit das Laminat vollständig aushärten kann. Das ist allerdings nicht notwendig, wenn Sie Finish-Harz (Topcoat) zum Schluß verwendet haben.

Über-Kopf-Arbeiten

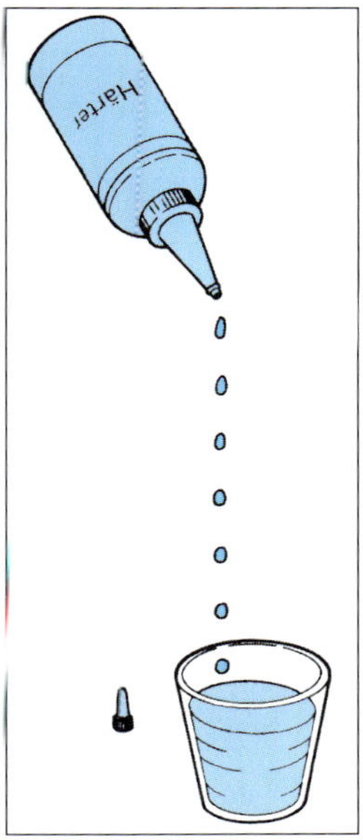

1 Besondere Arbeitsschritte werden notwendig, wenn man über Kopf arbeitet. Mixen Sie eine kleine Menge Harz mit einer Überdosis Härter an (etwa 50 bis 80 % mehr als üblich) und benutzen Sie es, um die Reparaturstelle einzustreichen.

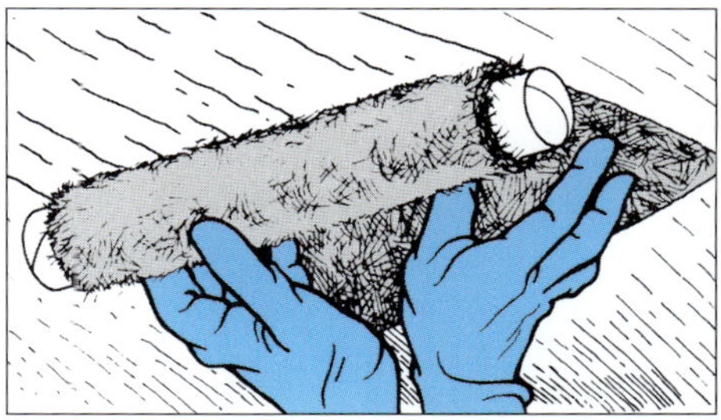

2 Bei diesen Arbeiten verwenden Sie immer nur kleine Glasfaserstücke. Rollen Sie die Matte auf eine alte Kartusche, warten Sie bis das Harz anzieht und rollen dann die Matte gegen das Harz. Sie wird so vom Harz gehalten. Nun tragen Sie von unten Harz auf und rollen es wie vorher beschrieben aus.

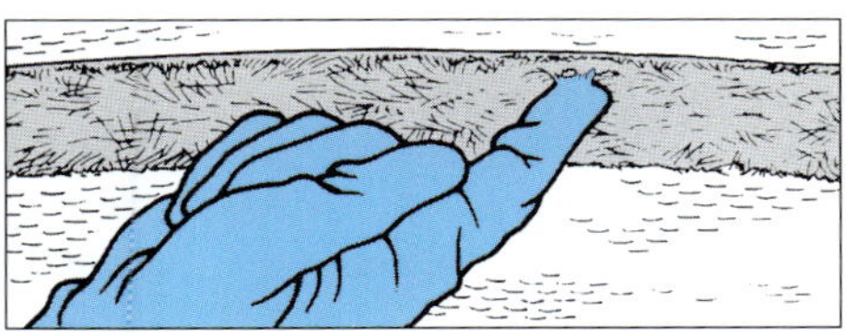

3 Wenn die Harzoberfläche angezogen hat, können Sie die nächste Lage abrollen, erneut Harz aufbringen und verdichten, beziehungsweise entlüften.

Die Verwendung von Epoxyd

Epoxydharze sind in jedem Falle besser als Polyesterharze für Reparaturen, weil die Haftung auf dem Untergrund – die Schwachstelle einer jeden Reparatur – besser ist. Laminate aus Epoxyd sind wesentlich durabler und fester, aber auch doppelt so teuer, ein Grund, warum Hersteller dieses Material nur selten für den Serienbau verwenden. Für Reparaturen ist der höhere Preis weniger relevant, man sollte daher der Festigkeit in jedem Falle den Vorrang geben.

Verwenden Sie Epoxyd nicht, wenn Sie ein Finish mit Gelcoat herstellen wollen. Während Epoxyd kräftig auf Polyester haftet, ist das Ergebnis im umgekehrten Falle enttäuschend; Gelcoat auf Epoxyd hält schlecht. Wenn also Gelcoat zum Abschluß aufgetragen werden soll, dann nehmen Sie Polyester für die Reparatur.

Auswahl von Epoxydharz

Kaufen Sie kein Epoxyd aus der Tube. Und kaufen Sie eine spezielle Sorte für den Bootsbau. Zu den bekanntesten Marken in Deutschland zählen West Systems, Voss-Chemie und Du Pont (unter anderen). Die Unterschiede liegen in den Mischungsverhältnissen, den Gebindegrößen und den unterschiedlichen Pumpen.

Zusätze / Füllstoffe

Für das Harz benötigt man natürlich in erster Linie Härter – sonst passiert gar nichts. Aber um das Harz für die Reparatur „anzudicken", kann man drei verschiedene Füllstoffe einmischen.

Fasern

Mit Glasfasern kann man das Harz gut auffüllen, wenn man eine Dickendifferenz ausgleichen muß. Sie können diese Fasern aus einem Gewebe schneiden oder aber fertig geschnitten kaufen. Fasern lassen sich gut einmischen, geben eine hohe Festigkeit und eine gute Oberfläche.

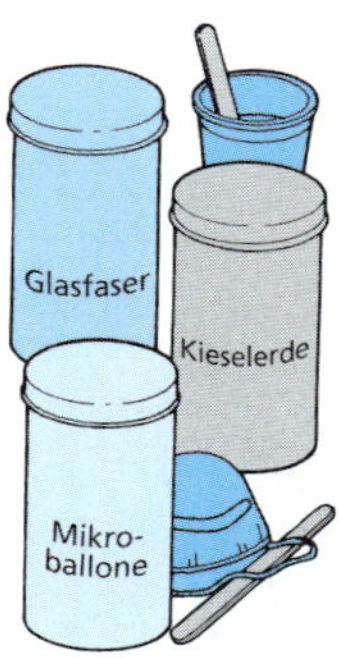

Mikroballone

Mikroballone sind winzig kleine Hohlkugeln aus Kunststoff. Es ergibt sich daraus eine leichte Mischung, die sich gut verarbeiten und schleifen läßt. Mikroballone verringern aber die Festigkeit des Harzes und sollten daher nicht zum Laminieren oder Verkleben benutzt werden. Auch sollten Reparaturen unter Wasser nicht mit diesen kleinen Kugeln ausgeführt werden.

Kieselerde

Dies ist der vielseitigste Füllstoff. Er schafft eine bessere Festigkeit als Mikrofasern und verhindert eine Durchlässigkeit der Reparaturstelle. Mit Kieselerde (Quarzmehl) eingedicktes Harz härtet mit einer rauhen Oberfläche aus und ist sehr abriebfest – auch beim Schleifen.

Mischungen

Meßpumpen

Während Polyester nur wenige Tropfen Härter zum Reagieren benötigt, ist es bei Epoxyd längst nicht so einfach. Die übliche Mischung heißt hier: Ein Teil Härter auf fünf Teile Harz. Aber es gibt auch Mischungen, die werden 2:1 angerührt. Die Hersteller bieten kleine Pumpen an, mit denen man die jeweilige Menge ganz einfach dosieren kann. Zum Beispiel: ein großer Pumpenschlag Harz auf einen kleinen Pumpenschlag Härter. Epoxyd reagiert sehr empfindlich auf das richtige Mischungsverhältnis, und die genaue Dosierung ist daher streng einzuhalten.

Vermischen Sie die beiden Teile sehr gründlich – mit einem Rührstab, mit dem Sie auch die Seiten und die Ecken des Rührgefäßes erreichen können.

Einstellen der Abbindezeit (Tropfzeit)

Die Abbindezeit kann nicht – wie bei Polyester – durch die Härtermenge bestimmt werden. Die vorgegebene Menge Härter muß immer genau eingehalten werden.

Daher bieten die Hersteller unterschiedliche Härter an – langsame und schnelle – und sogar Härter für die tropischen heißen Regionen.

Durch Versuche finden Sie leicht heraus, wie schnell das Harz bei unterschiedlichen Temperaturen reagiert. Bereiten Sie immer nur die Menge vor, die Sie auch sicher verarbeiten können und denken Sie daran, daß aufgrund der Reaktionswärme das Harz im Topf viel schneller reagieren kann.

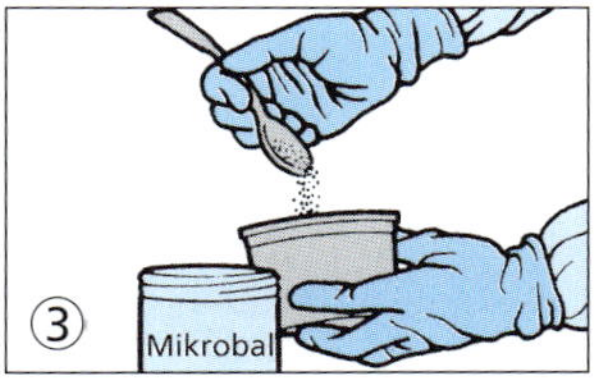

Andickmittel

Diese Zusätze immer erst einrühren, wenn das Harz und der Härter vollständig gemischt sind. Immer erst beimischen, wenn das Harz die gewünschte Konsistenz erreicht hat.

Sicherheitsmaßnahmen

Viele Menschen reagieren allergisch gegenüber Epoxydharz. Hautausschläge und Rötungen können die Folgen sein. Verhindern Sie daher jeglichen Hautkontakt. Tragen Sie Plastikschutzhandschuhe und eine Schutzbrille. Sorgen Sie für eine gute Belüftung (Kellerräume sind ungeeignet für Reparaturen) und atmen Sie nicht die Dämpfe ein. Die Reaktionswärme im Anrührtopf kann so groß werden, daß der Flammpunkt erreicht wird. Wird die Mischung zu heiß: sofort das Harz großflächig ausschütten und warten bis es abgekühlt ist.

Laminieren mit Epoxydharz

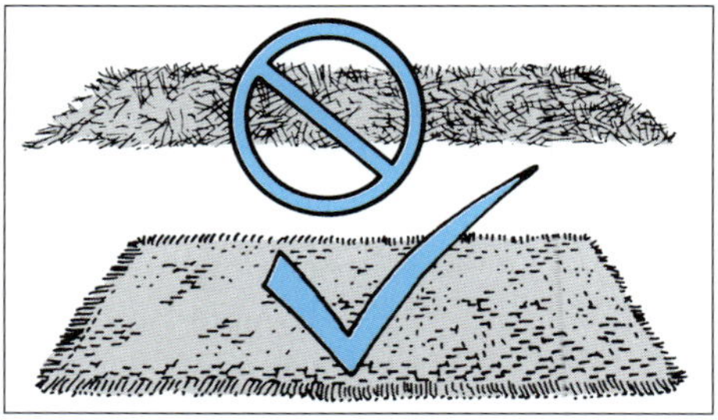

1 *Verwenden Sie keine Standardmatte, wenn Sie Epoxyd einsetzen. Das Bindemittel der Glasfasern kann mit Epoxyd reagieren und vermindert dann die Klebkraft und die Dichtigkeit. Epoxyd ist so klebstark, daß Sie ohne Probleme Gewebe auf Gewebe laminieren können, um ein besonders festes Gefüge zu bekommen.*

2 *Feuchten Sie die Reparaturstelle mit Polyesterharz an, dann dicken Sie anschließend eine Menge Epoxyd mit Kieselerde an. Streichen Sie jetzt die Fläche mit dieser Mischung ein. Dies ersetzt das Einlegen einer Standardmatte. Es füllt Fugen, Vertiefungen und Hohlräume aus und bildet so eine gute Grundlage für den Gewebeauftrag.*

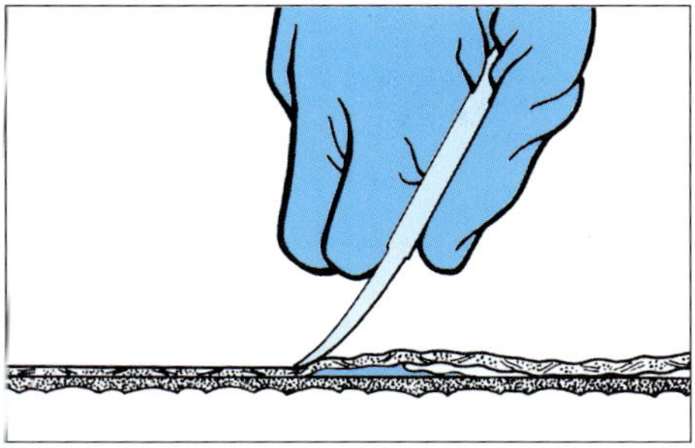

3 Legen Sie die erste Gewebelage ein und streichen Sie das Gewebe mit einem Gummiabstreifer gut ab.

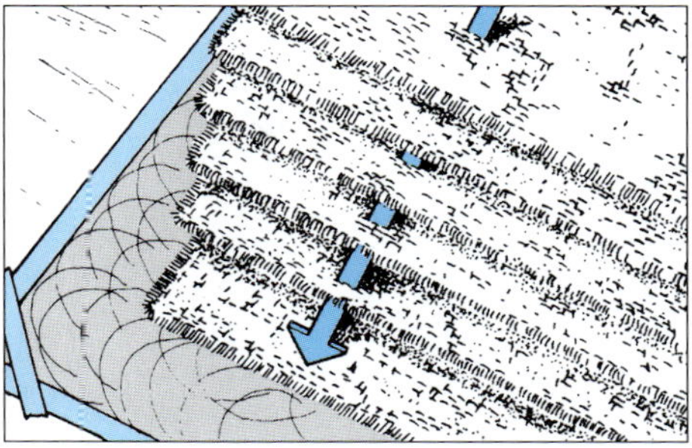

4 Legen Sie die getränkten folgenden Matten ein, bis Sie die gewünschte Dicke erreicht haben. Solange das Harz nicht abgebunden hat – was in der Regel mehrere Stunden dauert – können Sie ohne Zwischenschritte weitere Lagen aufbringen, bis Sie das gewünschte Ergebnis erlangen. Alle folgenden Lagen werden sich mit der vorangegangenen Lage chemisch verbinden (naß in naß). Nur wenn das Harz ganz angezogen hat, müssen Sie vor weiteren Laminatlagen den Untergrund durch Schleifen anrauhen. Planen Sie also Ihren Reparaturvorgang entsprechend, um unnötiges Schleifen zu vermeiden.

5 Für das beste Ergebnis legen Sie zum Schluß eine sogenannte Abreißfolie auf – sie verbindet sich nicht mit dem Laminat – und streichen das überschüssige Harz heraus. Nach dem Aushärten dann die Folie abreißen.

6 Wenn Sie keine Abreißfolie verwendet haben, schleifen Sie die Oberfläche mit einem Schleifschwamm und viel Wasser sorgfältig, um sie für einen Farbauftrag vorzubereiten.

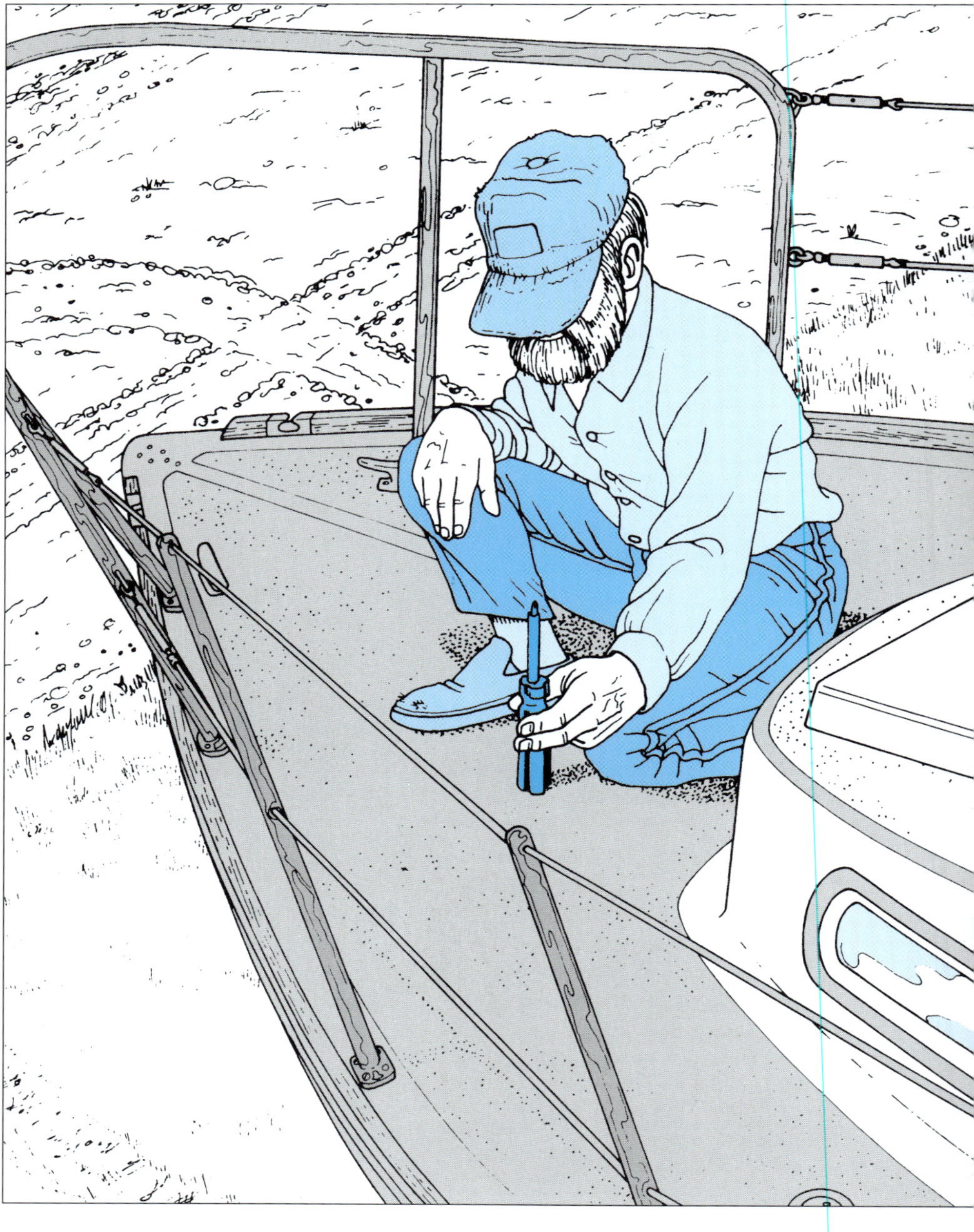

Kernprobleme

Das Deck oder auch der Rumpf ist oftmals eine Sandwich-Konstruktion mit einem Kern aus Holz, Kunststoffschaum und anderen Materialien, eingebettet zwischen zwei Glasfaserhäuten. Solange die Häute mit dem Kern verbunden sind, stellt diese Konstruktion die gewünschte Kombination von Steifigkeit und leichtem Gewicht dar; aber wenn sich die Verbindung zwischen den Häuten und dem Kern löst, werden die drei Komponenten einfach übereinandergleiten, wenn sie sich biegen – wie Blattfedern an einem alten Auto –, und die Steifigkeit ist verloren.
Leider versagt diese Laminat-Kern-Verbindung sehr oft. Dieses Problem wird dann durch Feuchtigkeit noch verschlimmert.
Schäden an den Versiegelungen an Deck montierter Beschläge führen zu Leckagen, die leicht den Weg in den Kern finden. Das teils offenporige Kernmaterial absorbiert das Wasser wie ein Schwamm. Der dürftige Halt, den das Harz auf dem trockenen Kernmaterial hatte, ist bald verloren, ähnlich wie bei einem untauglichen Pflaster, das sich unter Wasser löst.
Es wird noch schlechter, wenn das Wasser den Hohlraum zwischen den beiden Häuten auffüllt. Wenn der Kern erst einmal naß geworden ist, wird er wahrscheinlich naß bleiben, bis Sie endlich Schritte unternehmen, ihn auszutrocknen.
Das einfachste aller Kernprobleme ist die trockene Delamination, oft als ein Knacken und Knistern unter dem Fuß hörbar, wenn Sie an Deck gehen. Der Klang gibt auch einen Hinweis auf das ernstere Problem eines nassen Kerns, in diesem Fall ist es mehr ein Quietschen. Nassen Kernen sollte sofort Aufmerksamkeit geschenkt werden. Wenn Sie warten, bis sich das Deck nachgiebig und schwammig anfühlt, ist der Kern möglicherweise bereits angegriffen und die Reparaturaufgabe, der Sie sich dann gegenübersehen, gewaltig.
Die Botschaft hier ist einfach: Halten Sie das Deck stets gut versiegelt dicht, und Sie werden die meisten Informationen in diesem Kapitel nicht benötigen. Wenn es allerdings schon zu spät für diesen Ratschlag ist, dann finden Sie hier Instruktionen für die korrekte Behandlung von Kernproblemen.

Delamination

Segelyachten leiden ganz selten unter Delamination, es sei denn, sie bestehen aus einer mangelhaften Sandwichkonstruktion.
Die Verbindung zwischen den einzelnen GFK-Laminatlagen ist in der Regel rein chemisch (wenn der Hersteller nicht zu lange Pausen beim Laminieren eingelegt hatte). Aber die Verbindung zwischen dem Kernmaterial (Balsa oder Schaum) und der GFK-Haut ist rein mechanischer Natur. In der Regel löst sich zunächst die Außenhaut vom Kern.

__1__ Kreisen Sie die Stelle der Delamination ein. Nehmen Sie einen Plastikhammer oder einen Schraubendrehergriff und klopfen Sie damit das Deck ab. Achten Sie auf ungewöhnliche Töne. Eine abgelöste Stelle klingt sehr dumpf, das Deck gibt ein wenig nach.

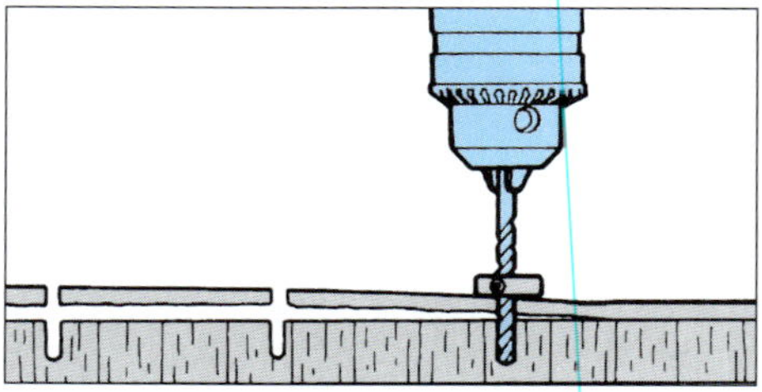

__2__ Bohren Sie mehrere Löcher (zirka 8 mm) um die abgelöste Stelle herum. Bohren Sie nur durch die Außenhaut und das Kernmaterial, nicht durch die Innenschale. Prüfen Sie die Späne der Bohrungen, ob eventuell Feuchtigkeit eingedrungen ist. Mit einem umgebogenen Draht prüfen Sie, ob das Material noch fest ist. Ist der Kern naß oder weich, muß er besonders behandelt werden – beschrieben im nächsten Abschnitt.

__3__ Nehmen Sie das tiefste Loch der Lochreihe und markieren Sie es. Mit Maschinenschrauben verschließen Sie alle anderen Löcher, bis auf eines. Mit einem Schlauch oder Plastikhalm blasen Sie in das tiefste Loch. Durch das noch geöffnete Loch soll jetzt die Luft entweichen. Schließen Sie dann das geprüfte Loch und öffnen Sie ein zweites, und das erste wird jetzt verschlossen. Den Blasvorgang wiederholen. Läßt eine Bohrung keine Luft heraus, eine neue Bohrung setzen – etwa 25 mm nach innen versetzt. Der Lochabstand sollte etwa 15 cm betragen.

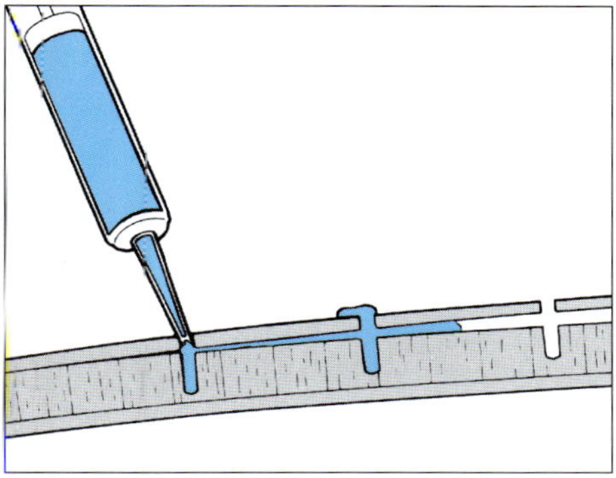

4 *Rühren Sie eine entsprechende Menge Epoxyd mit Füller an (nach Herstellervorgaben), bis die Masse wie Ketchup fließt. Sie befüllen eine Spritze (vom Fachhandel) mit der Mischung und schneiden die Spitze der Tülle ab. Beginnen Sie jetzt mit der Befüllung der Bohrungen an der tiefsten Stelle, damit so wenig Luft wie möglich eingeschlossen wird. Die bereits befüllten Bohrungen verschließen Sie mit einem Tape. Befüllen Sie so den gesamten Hohlraum, nutzen Sie die Bohrungen teilweise zur Kontrolle, ob das Harz alle Stellen erreicht hat.*

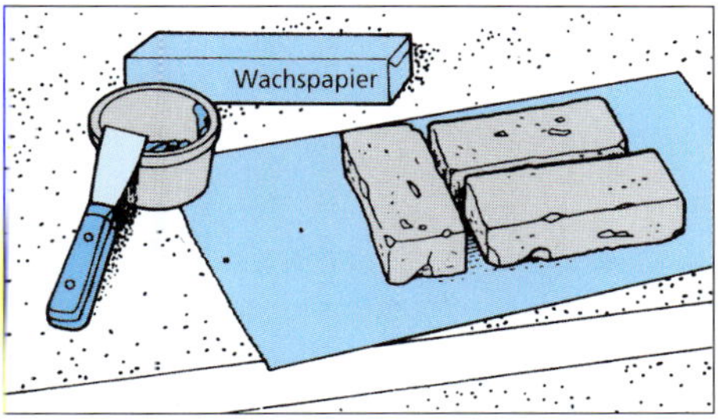

5 *Entfernen Sie noch austretendes Epoxyd, legen Sie Wachspapier auf die Oberfläche und belasten Sie das Laminat mit Steinen, an senkrechten Flächen abstützen. Achten Sie aber darauf, daß die strakenden Linien nicht verloren gehen – den Druck anpassen.*

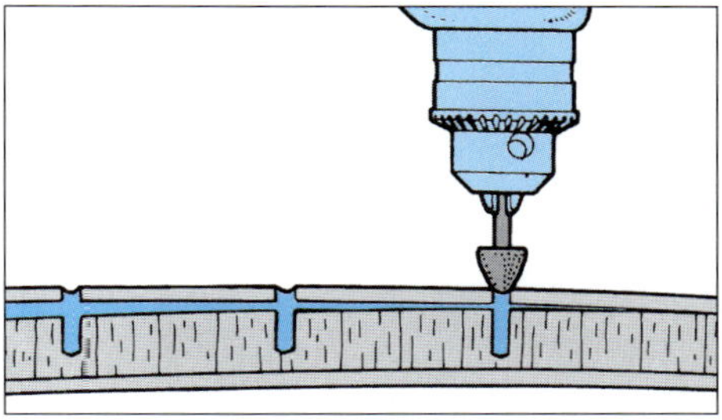

6 *Reparieren Sie die Bohrungen wie einen üblichen Gelcoatschaden. Mit einem Spitzenfräser rauhen Sie die Oberfläche gut an, vertiefen das Loch und befüllen es mit eingefärbtem Gelcoat.*

Delaminierungen im Massivbereich

Erkennen Sie Delaminierungen im Massiv-Laminatbereich, dann ist höchste Vorsicht geboten. Der Grund dafür können nur extreme Biegungen oder Belastungen gewesen sein. Manchmal hat das Laminat einfach zu wenig Lagen – es ist überlastet. In solchen Fällen nicht nur die Hohlräume füllen, sondern auch das Laminat durch zusätzliche Lagen von innen dauerhaft verstärken.

Oftmals geschehen Delaminierungen bei Zusammenstößen mit Objekten. Vorausgesetzt, da sind keine entscheidenden Strukturschäden im Laminat zu erkennen, dann können Sie wie oben beschrieben handeln. Sind allerdings Faserbrüche im Laminat zu befürchten, dann unbedingt durch Auflaminieren von Matten und Rovings die Festigkeit wieder herstellen.

Feuchte Kern-(Schaum-)Füllungen

Wenn der Bohrer feuchte Späne nach oben bringt, dann muß das Material erst gründlich ausgetrocknet werden.

Kleine Flächen

Üblicherweise ist die Feuchtigkeitszone nur im Bereich des Wassereintritts zu finden. Abhängig vom Kermaterial sind einige oder alle hier beschriebenen Trocknungsmethoden geeignet.

Vakuum

Mit einem Industriestaubsauger entfernen Sie die Bohrspäne, das Wasser oder die Feuchtigkeit im Sandwich durch längeres Laufenlassen. Auch eine Vakuumpumpe können Sie einsetzen.

Spülen

Das Ausspülen mit Azeton kann hilfreich sein: Es bewirkt eine schnelle Verdunstung. Bedenken Sie aber, daß Azeton besonders leicht entzündlich ist. Und verwenden Sie es nur, wenn Sie ganz sicher sind, daß es sich nicht im Inneren des Decks oder Schiffes verbreiten kann.

Hitze

Mit einem Haartrockner können Sie gute Ergebnisse erzielen. Aber Achtung: Nicht zu heiß werden lassen, das Laminat kann leiden. Nicht mehr als 60 °C, Sie müssen das Deck von Hand immer berühren können, sonst ist es zu heiß. Viele Bohrungen müssen dafür sorgen, daß die Feuchtigkeit auch nach oben verdunsten kann und nicht in die inneren Lagen verschwindet und nach dem Abkühlen wieder hochkommt. Je mehr Umluft, desto besser. Den Vorgang mehrmals wiederholen. Nicht den Trockner verwenden, wenn Sie vorher Azeton benutzt hatten!

Lufttrocknung

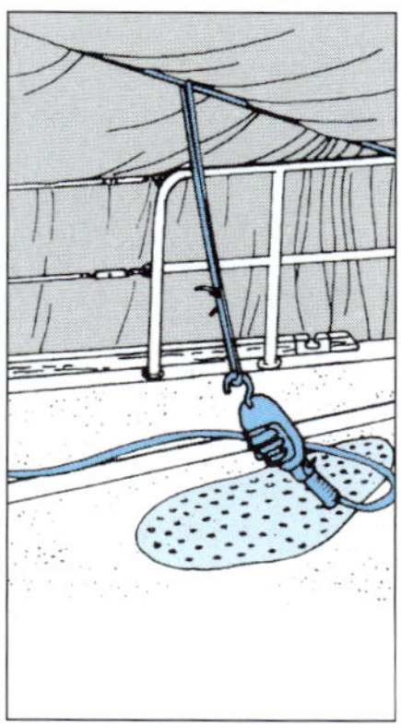

Die einfachste Methode: Viele Löcher und viel Zeit schaffen die Feuchtigkeit nach außen. Ein schwacher Heizlüfter oder eine Arbeitslampe verringern dabei die relative Feuchtigkeit in der Umgebungsluft. Nach ein paar Wochen können Sie mit der Sanierung beginnen.

Große Bereiche
Bei großen durchnäßten Stellen hilft nur die Entfernung der Innnenschale, damit der freigelegte Bereich sicher austrocknen kann.

Entfernen der inneren Laminatschicht
Das Freilegen von innen bietet sich an, weil man auf diese Weise von außen keinen Schaden anrichtet – das Gelcoat bleibt wie es ist. Natürlich muß man dazu manchmal Einbauten oder Innenschalen entfernen. Aber nur wenn's von innen gar nicht geht, die Reparatur von außen vornehmen.

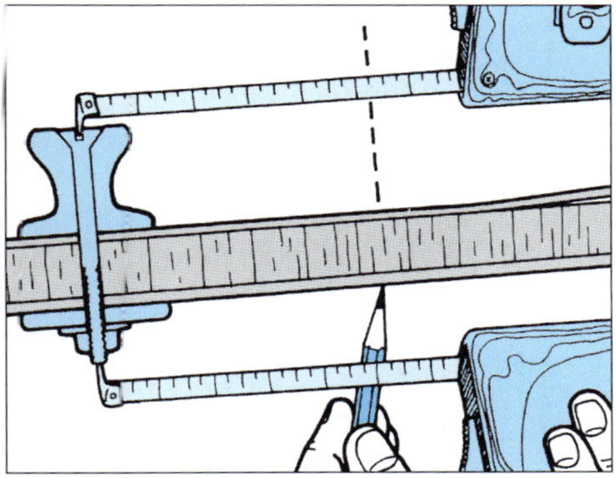

1 *Die Maße von außen abnehmen und nach innen übertragen. Nehmen Sie sich dazu einen durchgebolzten Decksbeschlag, um die aufgezeichneten Maße nach innen zu übertragen.*

2 *Setzen Sie eine Pilotbohrung zur Sicherheit, um festzustellen, wie dick das Sandwichmaterial ist. Danach können Sie die Schnittiefe der Kreissäge (mit Hartmetall-Blatt) einstellen. Vorsichtig vorgehen – nicht die Außenlage ansägen!*

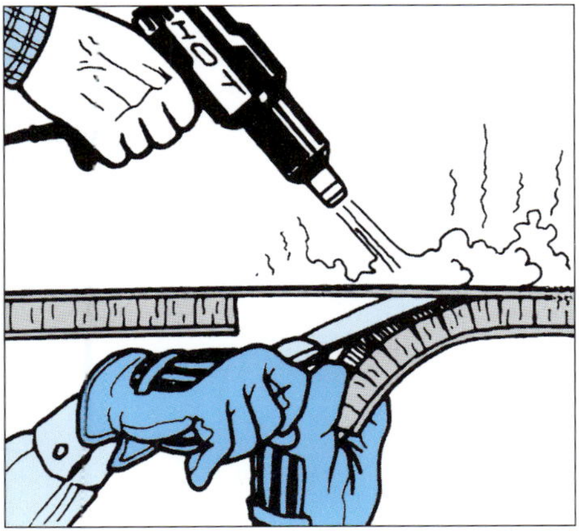

3 *Beenden Sie den Ausschnitt mit einer Trennklinge. Wenn die Verbindung zur Außenschicht schon aufgelöst ist, fällt Ihnen das Teil bereits entgegen.*
Mit Hitze von außen und einem Metallspachtel von innen lösen Sie die restlichen Stücke heraus.

Herauslösen der Außenhaut

Manchmal wird es notwendig, von außen zu arbeiten, wenn man von innen gar nicht herankommt (an Schottwänden zum Beispiel).

1 *Überlegen Sie sich den Bereich des Ausschnitts gut. Wenn Sie die Außenhaut wieder mit Gelcoat herstellen, ist es auf einer glatten Fläche viel einfacher als auf der rutschfesten Deckstruktur. Wenn Sie allerdings einen neuen Anti-Slip-Belag aufkleben wollen, dann nur im glatten Bereich die Schnitte plazieren. Wenn sich der nasse Bereich nur auf einer Seite des Vordecks befindet, trennen Sie das Dreieck auf der glatten Mitte der Decksfläche (gestrichelte Linie) heraus. Bedenken Sie, daß es beim Heraustrennen eines Flächenteiles stets Verschnitt gibt, so daß es sich nicht wieder nahtlos einfügen läßt.*

2 *Die Blattiefe auf Außenhautdicke einstellen und an den Strichen entlang freischneiden.*

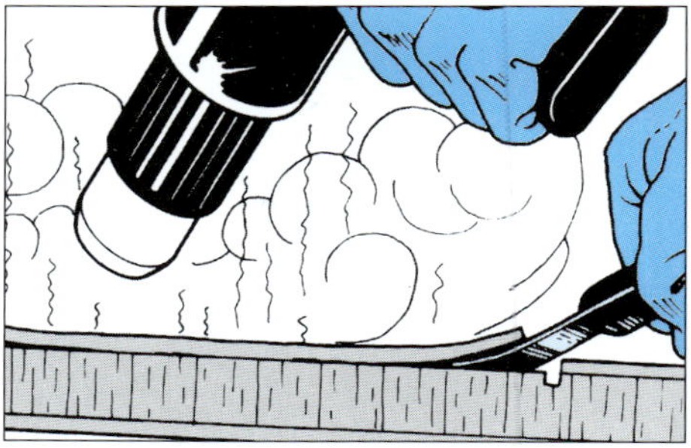

3 *Wenn die Laminatfläche noch teilweise haftet, eine Ecke anheben und mit einem Stahlspachtel das Laminat abhebeln. Ein Heißluftgebläse kann dabei helfen. Versuchen Sie, das Teil ohne Beschädigungen zu entfernen, da es wieder installiert werden soll.*

Zerstörte Füllungen

Wenn Sie das Sandwichmaterial freigelegt haben, werden Sie den Grad des Verfalls sehen. Fast immer ist es besser, den gesamten Kern zu erneuern.

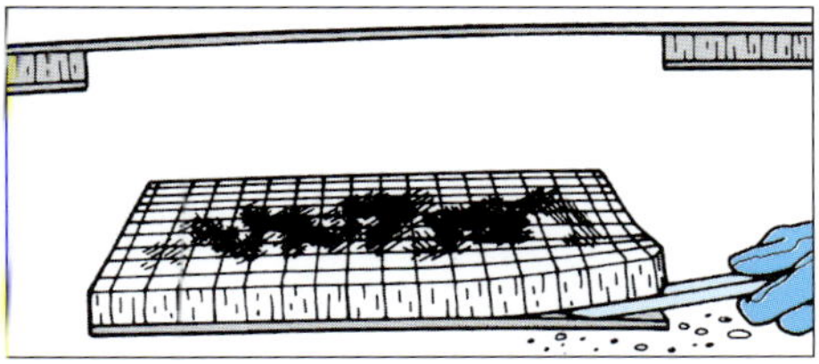

1 Mit einem Stecheisen oder einem Spachtel entfernen Sie den Kern, oder…

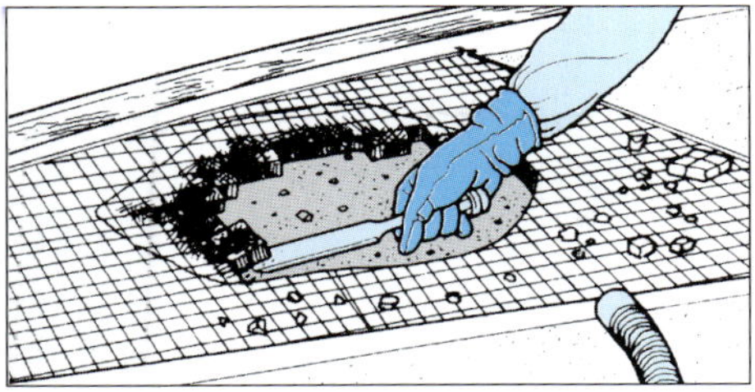

2 … mit einem Messer die Schaum- oder Balsaholzteile freischneiden. Beschädigen Sie dabei nicht die Innenseite des Laminates. Entfernen Sie alles Material und schaben Sie die Oberfläche sauber.

3 Machen Sie sich eine Papierschablone und schneiden Sie sich danach ein neues Teil aus Kernmaterial. Sie müssen das gleiche Material verwenden, das Sie herausgetrennt haben – auch auf die gleiche Dicke achten. Bei Sperrholz auch wieder Marinesperrholz verwenden. Das Sperrholz gut anschleifen und entstauben und mit Lösungsmittel entfetten. Möglichst kein Teakfurnier verwenden (hoher Ölanteil). Passen Sie das Teil zunächst trocken an, bis es ganz genau hineinpaßt. Zum Abschluß schleifen Sie die Innenseite der Außenhaut.

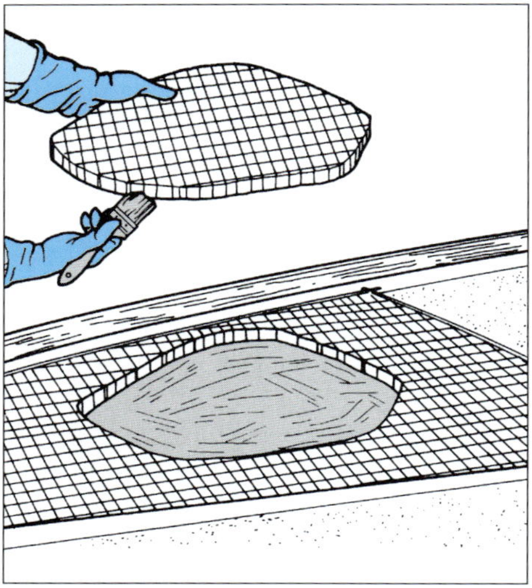

4 Streichen Sie alle Verbindungsflächen mit Harz ein.

5 Eingedicktes Harz (zähflüssig wie Mayonnaise) streichen Sie auf die Deckinnenseite und alle Verbindungsflächen. Als Füller Kieselerde oder Material nach Herstellerangben beimengen.

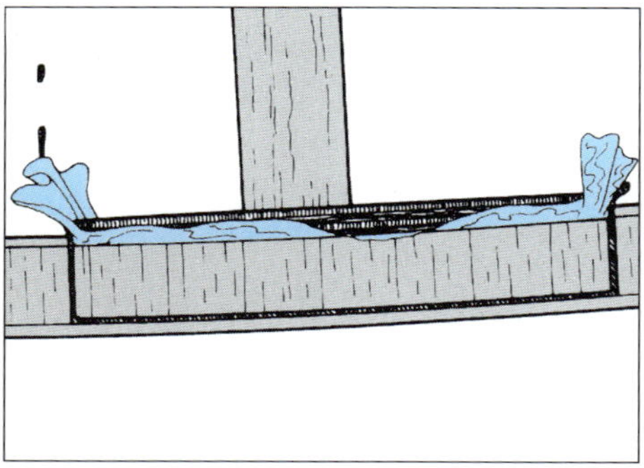

6 Drücken Sie das Teil in Position. Achten Sie darauf, daß keine Luftpolster entstehen.

7 Belasten Sie das Kernmaterial mit einem Sandsack. Darunter eine Lage Wachspapier oder eine Plastikfolie legen. Der Sandsack wird sich den Konturen des Decks gut angleichen und die Last gut verteilen. Das überschüssige Harz tritt nun an den Rändern heraus und wird entfernt. Der Sandsack bleibt so lange in Position, bis das Harz sicher angezogen hat.

Aufbau der Außenhaut

Wenn die alte Außenhaut in schlechtem Zustand ist, müssen Sie sie mit Matte/Rovings wieder erneuern. Aber in den meisten Fällen kann man das alte herausgetrennte Teil wieder einlaminieren.

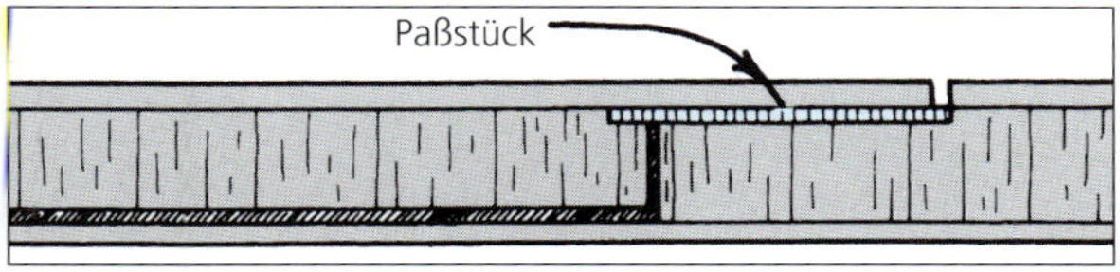

1 Passen Sie das Teil im trockenen Zustand genau ein. Die oberen Ränder müssen genau abschließen. Notfalls Paßstücke zum Höhenausgleich einlegen.

2 Schleifen Sie die Oberflächen des Kernmaterials und die Innenseite des Deckteils. Reinigen Sie die Flächen mit einem Lappen und Lösungsmittel.

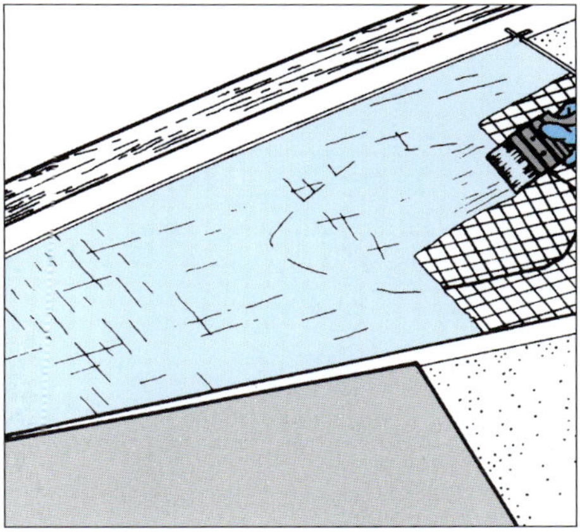

3 Streichen Sie die geschliffenen Flächen satt mit Epoxyd ein.

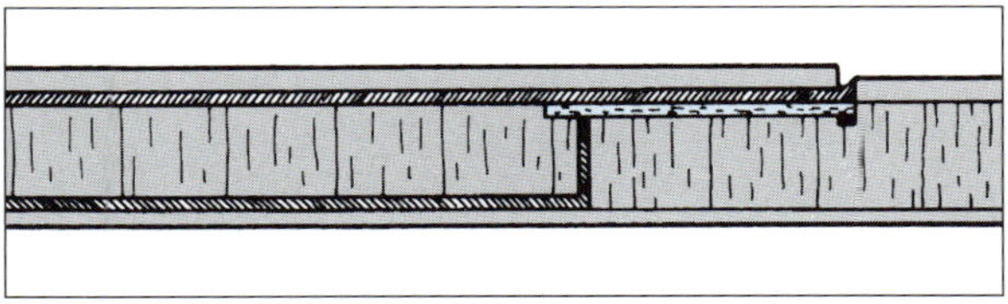

4 Dicken Sie das Harz an – etwa so fest wie Mayonnaise – und streichen Sie beide Oberflächen gleichmäßig ein. Tragen Sie soviel Harz auf, daß keine Hohlräume entstehen können.

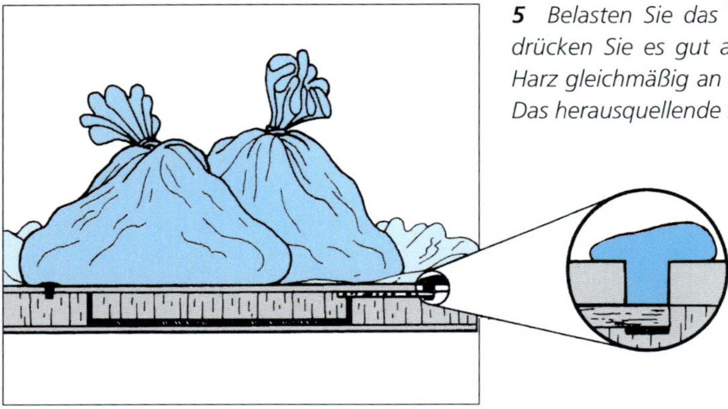

5 *Belasten Sie das Teil mit Sandsäcken und drücken Sie es gut an, bis das überschüssige Harz gleichmäßig an allen Rändern hervortritt. Das herausquellende Harz sofort entfernen.*

6 *Wenn das Harz gut durchgehärtet ist, werden die Nahtstellen angeschrägt. Und zwar in einem Verhältnis von 1:12. Ein Beispiel dafür: Die Schäftung ist auf jeder Seite 60 mm breit, dann schleifen Sie 5 mm tief herunter.*

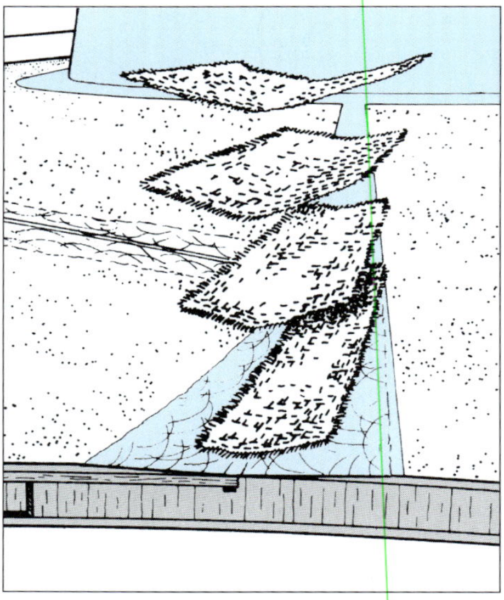

7 *Schneiden Sie sich Streifen aus Glasgewebe. Schmale Streifen für die unterste Lage, immer breiter werdend bis zur obersten Lage, damit die keilförmige Fuge gut ausgefüllt werden kann. Nach dem Laminieren und Aushärten planschleifen und mit Decklack versehen, entweder glänzend oder rutschfest, je nach Bedarf.*

Verstärkungen

Kunststoffboote zeigen manchmal alarmierende Verformungen unter Belastung, oder man erkennt deutliche Spannungsrisse im Gelcoat in der Nähe von Beschlägen oder in Eckpunkten – alles deutliche Anzeichen von Überbelastung. Aber Kunststoff kann man leicht verstärken. Diese Verstärkungen werden in aller Regel unter Deck anlaminiert.

1 Entfernen Sie unter Deck alles, was der Reparatur im Wege ist. Entfetten und schleifen Sie gründlich die Oberfläche.

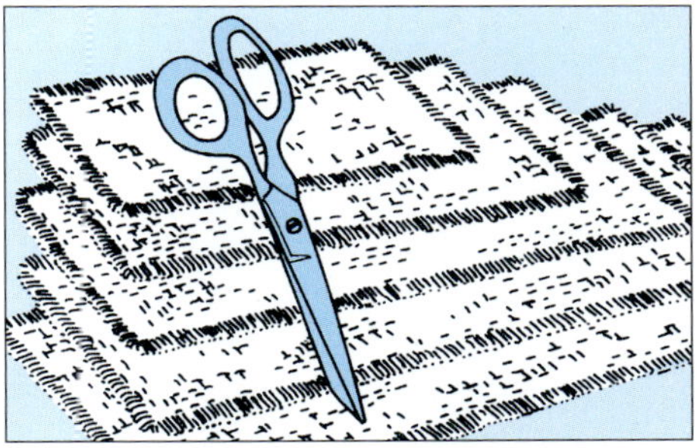

2 Schneiden Sie sich 4 bis 7 Lagen Glasmatte. Die erste so groß wie die zu verstärkende Fläche, und dann immer etwas kleiner werdend, damit später die Kräfte gleichmäßiger eingeleitet werden können. Schneiden Sie die Stücke nicht zu groß, wenn Sie allein oder über Kopf laminieren müssen. Dann lieber kleinere Flächen überlappen lassen. Flächen von 30 x 50 cm lassen sich noch gut handhaben.

3 Laminieren Sie die Lagen mit Epoxyd (wie bereits beschrieben) auf. Epoxydharz ist in jedem Falle vorzuziehen: Es ist fester und hat eine bessere Klebkraft. Sie erhalten damit eine wesentlich höhere Festigkeit.

Aussteifungen (Stringer)

Glasfaserkunststoff ist von Natur aus sehr flexibel. Dennoch sind bei Booten allzu starke Verformungen immer die Folgen mangelhafter Dimensionierung und nicht mangelhafter Werkstoffestigkeit.

Man kann die Aussteifung durch zusätzliche Laminatlagen erreichen oder besser noch durch Aufbringung eines Sandwiches. Durch die Verdoppelung einer massiven Wandstärke erreicht man in etwa die achtfache Beulsteifigkeit. Je weiter die tragenden Laminatschichten von der Kernlinie (Mittellinie) entfernt liegen, desto höher ist das Trägheitsmoment. Es wächst im Quadrat zu der Entfernung von der neutralen Faser. Das ist der Grund, warum Sandwichteile so beulsteif sind, aber eine geringere Schlagfestigkeit als Massivlaminat haben.

Wollen Sie große ebene Flächen beulsteifer machen – oft im Vorschiffsbereich notwendig –, dann ziehen Sie nachträglich Stringer ein. Diese können aus Schaum, Holz, Kunststoff oder Pappe sein, die durch Laminieren ihre Festigkeit erhalten.

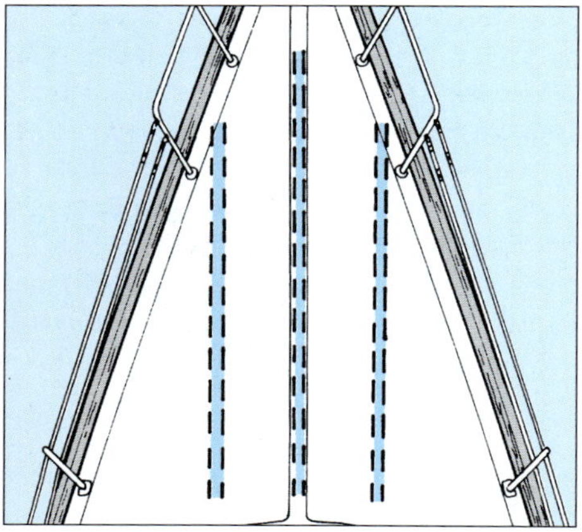

1 Planen Sie genau, wo die Verstärkungen angebracht werden sollen. In der Regel sollten sie parallel zur Längsrichtung verlaufen (Längsstringer). Normalerweise haben sie einen Abstand von 30 bis 40 cm zueinander. Die genaue Verteilung lassen Sie aber lieber vom Fachmann vor Ort bestimmen.

2 Holzstringer sind zwar sehr fest, aber auch sehr wenig flexibel bei der Verarbeitung – nur verwenden, wenn sie nicht gebogen werden müssen (unten). Stringer aus Schaum oder Kunststoff sind besser geeignet, sie passen sich der Bootsform ideal an. Kraftschlüssige, weiche Übergänge sind gut – scharfe Ecken immer vermeiden. Auch die Enden des Stringers weich auslaufen lassen, großflächig verstärken, um Spannungsspitzen zu vermeiden.

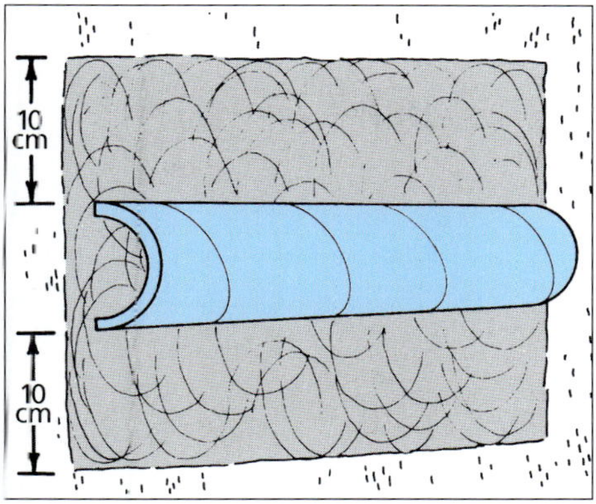

3 *Entwachsen und schleifen Sie die Grundfläche; Stringerbreite plus 10 cm links und rechts davon.*

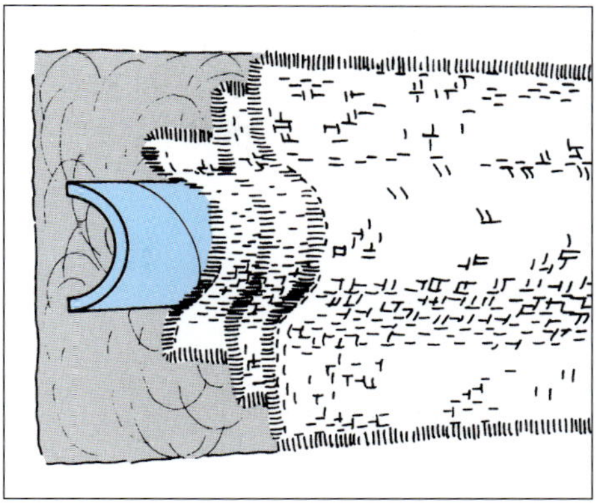

4 *Schneiden Sie sich drei Streifenlagen aus Glasmatte. Der schmalste geht zirka 5 cm links und rechts über den Stringer hinaus. Der zweite Streifen etwa 8 cm und der dritte schließlich 10 cm. Diese Menge reicht in der Regel; im Bedarfsfall können Sie natürlich auch nach diesem System weitere Lagen aufbringen. Die Dicke der Laminatschicht sollte fertig 3 bis 5 mm betragen.*

5 *Mit einer Heißklebepistole oder einem schnellanziehenden Harz heften Sie den Stringer fest in Position. Mit einem Epoxyd-Füller-Gemisch können Sie noch eine Hohlkehle anformen – es läßt sich dann später leichter laminieren (keine scharfen Ecken).*

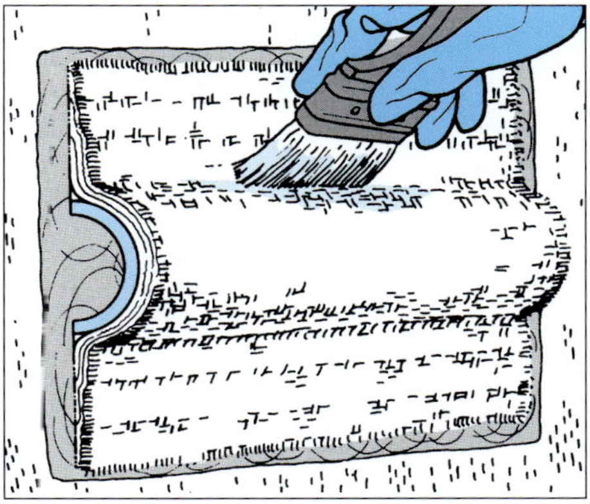

6 *Laminieren Sie auch hier mit Epoxydharzen – sie haften besser und geben mehr Festigkeit.*

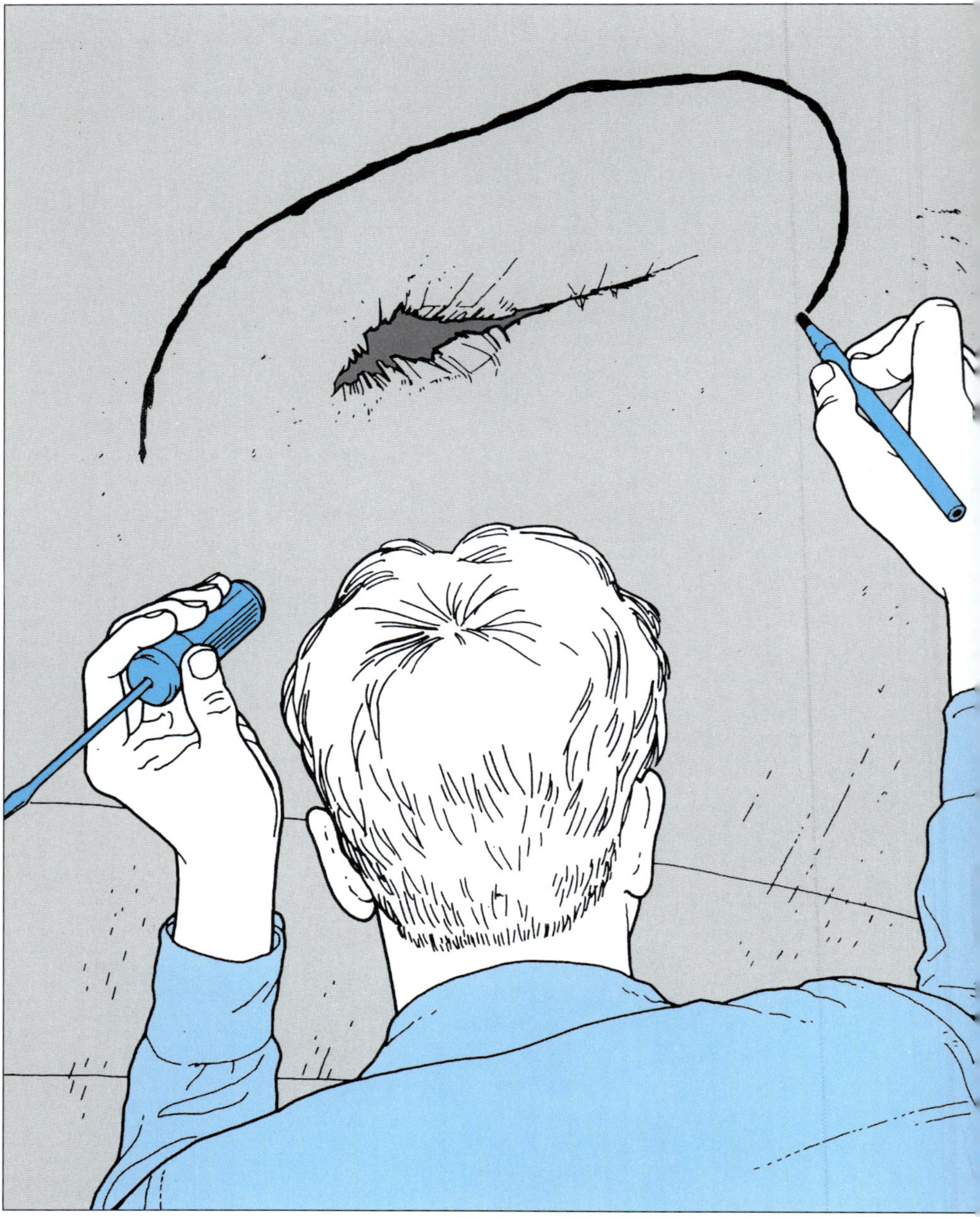

Rumpfreparaturen

GFK-Rümpfe sind unglaublich haltbar. Sie verrotten nicht wie Holz oder korrodieren nicht wie Stahl. Sie trocknen nicht aus und öffnen keine Spalten. Sie kriegen keine Würmer. In der Tat, nach über 40 Jahren der Serienfertigung sind das einzige heimtückische Problem für die Oberfläche dieser Boote die kleinen Osmose-Blasen. Und das betrifft auch nur einen gewissen Prozentsatz von Rümpfen.

Wenn Sie den Rumpf von massiven Objekten wie Felsen, Kais oder anderen Booten fernhalten, sind die erforderlichen Reparaturen wahrscheinlich auf das Erneuern des Oberflächenglanzes beschränkt. Leider ist es gar nicht so einfach, in der rauhen Wirklichkeit unliebsame „Begegnungen" zu vermeiden. Unterwasserhindernisse sind nicht immer in Karten verzeichnet. Und welcher verantwortungsbewußte Skipper hätte nicht schon einmal erlebt, wie sein Boot plötzlich außer Kontrolle gerät und seitwärts auf einen Kai zueilt.

Auch untadelige Navigation bewahrt niemand vor eine Ramming durch andere, die mehr als nur beschädigtes Gelcoat hinterläßt.

Weil der Rumpf verglichen mit dem Deck relativ konturlos ist, sind Rumpfreparaturen generell weniger kompliziert. Aber sie sind sichtbarer; eine schlechte Außenhautreparatur kann hervorstechen wie ein Tintenfleck auf einer Hemdtasche. Sie müssen sich schon die Zeit nehmen, den Flicken genau anzupassen und die Farbe genau zu treffen, um die Reparatur unsichtbar zu machen.

Obwohl es stimmt, daß der Rumpf *der* Teil des Bootes ist, der „den Ozean draußen hält", gibt es keinen Grund, die Rumpfreparaturen mit größerer Aufregung als die Deckreparatur anzugehen. Bereiten Sie den Untergrund richtig auf, was ein bißchen mehr als säubern und schmirgeln bedeutet, und befolgen Sie die weiteren Schritte genau. Ihre Reparaturstelle wird dann genauso stark sein wie der umgebende Rumpf – vielleicht sogar noch stärker.

Schrammen

In vorangegangenen Abschnitten haben wir die Beseitigung von Kratzern beschrieben. Aber manchmal führt ein Zusammenstoß doch zu Beschädigungen der darunterliegenden Laminate.

Dann muß zunächst das Laminat repariert werden, bevor neues Gelcoat aufgetragen werden kann. Wie Sie die Reparatur angehen, hängt von der Schwere der Beschädigung ab.

Reparatur einer flachen Schramme

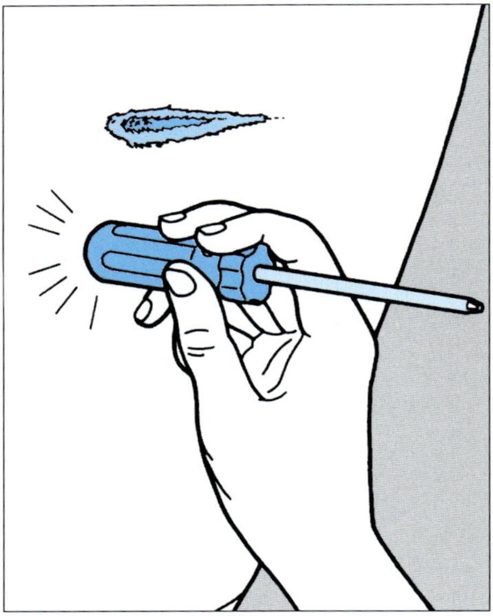

1 Machen Sie die Schall- und Klangprobe, um zu prüfen, ob das Laminat beschädigt worden ist. Wenn es sich „tot" anhört – keine Resonanz –, dann reparieren Sie wie hier beschrieben.

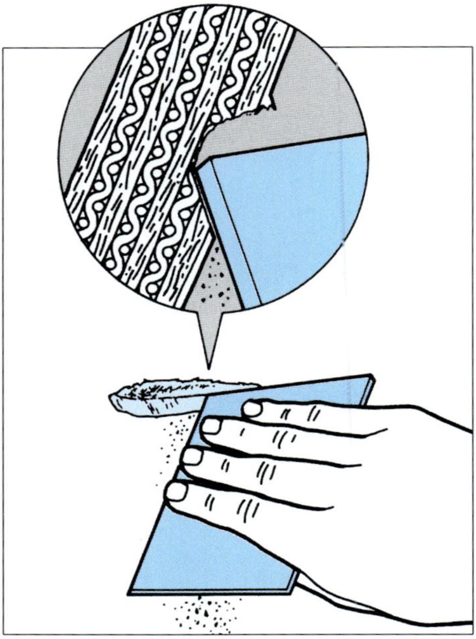

2 Mit der scharfen Kante eines Metallspachtels glätten Sie die Ränder der Schramme im Winkel von etwa 45°.

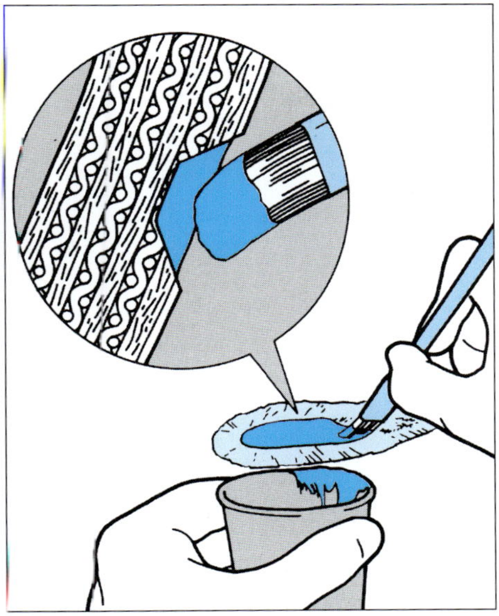

3 Mit einer Mischung aus Polyesterharz und Glasfasern verfüllen Sie die vorbereitete Vertiefung. Aber nicht ganz auffüllen, da noch das Gelcoat aufgetragen werden muß.

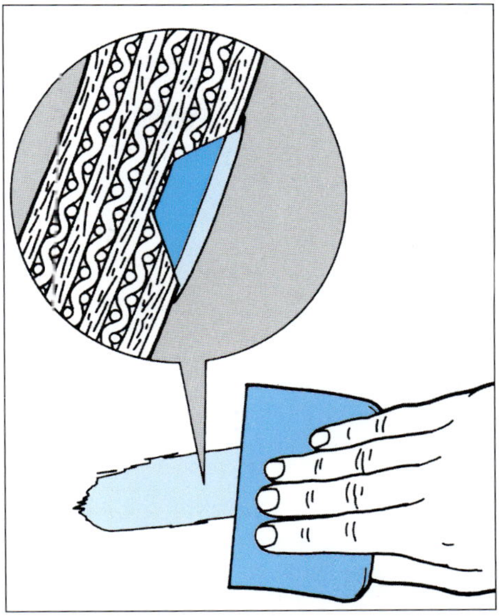

4 Wenn das Harz angezogen hat, verfüllen Sie den noch verbliebenen Hohlraum großzügig mit eingefärbtem Gelcoat. Warten Sie, bis das Harz anzieht, legen Sie dann eine Plastikfolie auf und streichen Sie die Fläche glatt.

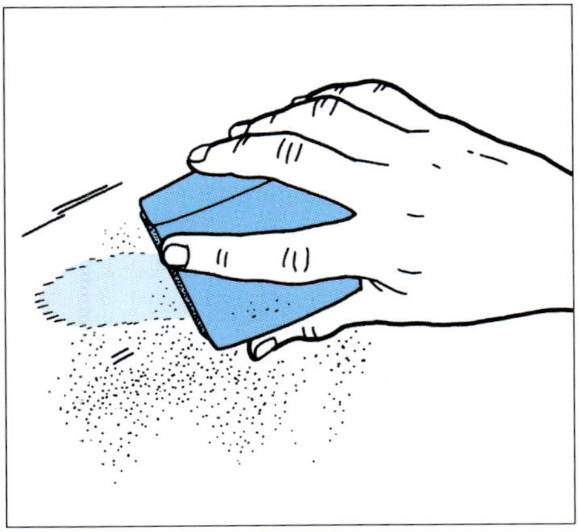

5 Erst wenn das Gelcoat wirklich ganz ausgehärtet ist, dann schleifen, polieren und mit Wachs versiegeln.

Tiefergehende Beschädigungen

Wenn die Beschädigung die ersten zwei, drei Lagen in Mitleidenschaft gezogen hat und wenn die Schramme 20, 30 cm lang ist, dann muß man schon mit Laminieren die Sache angehen. Mit einem Winkelschleifer entfernen Sie alle losen Fasern und schleifen eine 1:12-Schäftung an. Schleifen Sie bis zur ersten unbeschädigten Glaslage herunter.

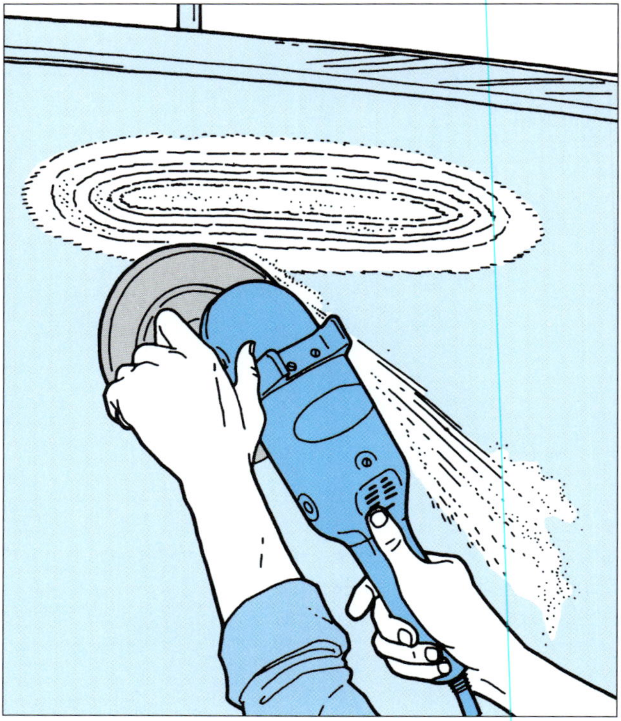

Schneiden Sie Stücke aus Matte und Gewebe. Sie beginnen dabei mit dem Zuschnitt eines Mattenstückes, das als erstes eingelegt wird. Das kleinste Stück zuerst.

Streichen Sie zunächst einen Haftvermittler in die Laminatstelle, danach mit Polyester einstreichen. Im weiteren Verlauf tragen Sie die einzelnen Lagen Matte / Gewebe auf, bis das Laminat mit dem übrigen Rumpflaminat bündig ist.

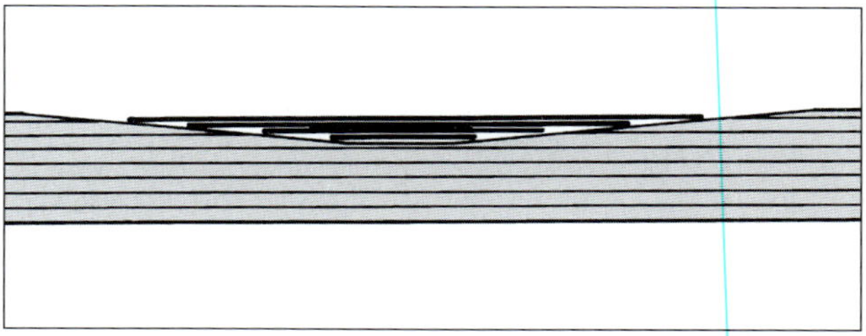

Wenn das Harz angezogen hat, sprühen oder streichen Sie mehrere Lagen Gelcoat auf bis Sie eine Dicke von zirka 3/10 bis 5/10 mm aufgetragen haben.

Zum Abschluß wird nach dem Aushärten die Oberfläche naß geschliffen und poliert.

Wann verwendet man Epoxyd?

Wenn Sie lieber die Reparaturstelle lackieren wollen, dann laminieren Sie mit Epoxydharz (bessere Haftung, höhere Festigkeit). Dazu zunächst die Reparaturstelle mit unangedicktem Epoxyd einstreichen. Mit angedicktem Epoxyd (Beimengung aus Kieselerde) stellen Sie eine Paste ein, die sich wie weiche Butter auftragen läßt. Arbeiten Sie so genau wie möglich, streichen Sie die Oberfläche sehr gut glatt, da sich der ausgehärtete Kunststoff nur sehr schwer schleifen läßt.
Wenn das Loch sehr tief ist, legen Sie zunächst Glasgewebe (keine Mattenware) mit unangedicktem Harz ein, um die Dickendifferenz auszugleichen. Dann die Lagen mit recht dünnflüssigem Harz sättigen. Die oberste Lage streichen Sie so lange mit Epoxyd ein, bis das Gewebe nicht mehr zu sehen ist. Es empfiehlt sich die Verwendung von Abreißgewebe (ein Gewebe, das sich nicht mit Harz verbindet), mit dem Sie die Reparaturstelle sauber glattstreichen können. Dazu vorher angedicktes Harz auftragen (über Wasser mit Mikroballons – unter Wasser mit Quarzmehl). Nach dem Aushärten das Abreißgewebe abziehen, dann schleifen, lackieren und abschließend polieren.

Blasen durch Osmose

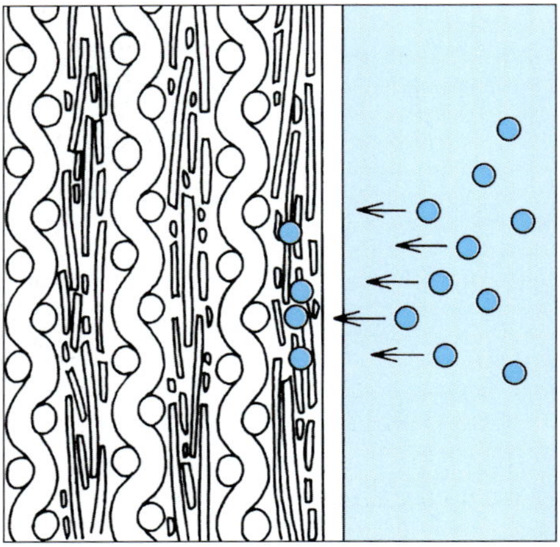

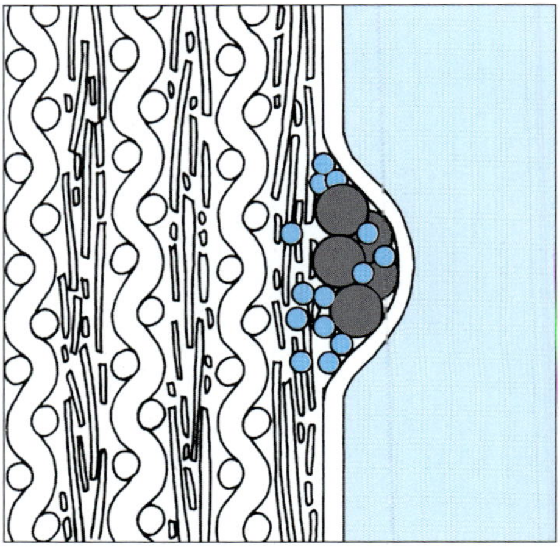

Diese Blasen entstehen, weil Wasser durch das Gelcoat gelangt.

Wasserlösliche Chemikalien im Laminat üben einen sogenannten „osmotischen" Zug auf das Wasser außerhalb aus, und einige Wassermoleküle finden einen Weg durch die Feinschicht. Wenn noch mehr Wasser in den eingeschlossenen Hohlraum gezogen wird, baut sich ein interner Druck auf. Die Wassermoleküle werden nicht mehr auf dem Weg, auf dem sie kamen, nach außen gedrückt, weil sie mit den anziehenden Molekülen eine Verbindung mit einer größeren Molekularstruktur eingegangen sind. Unter dem Gelcoat bildet sich eine Blase.

Es hat eine große Hysterie wegen dieser Osmoseblasen gegeben, aber die Realität ist, daß die Anzahl von Booten, die ernsthaft von Osmose befallen sind, noch relativ klein ist. Ein oder zwei gelegentliche Blasen sind kein ernsthaftes Problem. Einige Boote scheinen aber eine größere Neigung zur Blasenbildung zu zeigen als andere; wahrscheinlich wegen der chemikalischen Komponenten und der unterschiedlichen Umwelteinflüsse. So ist warmes Wasser blasenfördernd, und lange Liegezeiten im Wasser tun ein übriges. So sind Boote im Norden, die nur im Sommer im Wasser sind, weniger gefährdet. Auch kann die Verarbeitung eine Rolle spielen.

Aber alle Boote tragen ein gewisses Risiko. Untersuchungen besagen, daß ein Boot von vieren Blasen entwickelt. Vielleicht war an dem Tag, an dem das Boot hergestellt wurde, die Feuchtigkeit ungewöhnlich hoch. Oder vielleicht hat der Hersteller alles richtig gemacht, aber irgend jemand hat das Gelcoat gesandstrahlt, um es für den Unterwasseranstrich besser vorzubereiten. Es hat sich auch herausgestellt, daß Boote aus Epoxydharz wesentlich weniger anfällig sind. Es ist aber sinnlos, hier zu spekulieren. Wenn Ihr Boot Blasen entwickelt, behandeln und sanieren Sie es sorgsam. Wenn nicht, vergessen Sie ganz schnell das Thema.

Kleine Blasen

1 Öffnen Sie die Blasen. Tragen Sie dazu eine Schutzbrille und Schutzhandschuhe. Der Druck in den Blasen kann wie in einer Champagnerflasche sein und sich beim Durchstechen der Deckschicht entladen. Schleifen Sie mit grobem Korn (Kugelfräser) eine flache Mulde.

2 Klopfen Sie die angrenzende Fläche ab oder benutzen Sie einen speziellen Feuchtigkeitsmesser zum Aufspüren von Osmose.

3 Mit Bürste und Wasser reinigen Sie den Untergrund sorgsam.

4 Lassen Sie sich und den Blasenlöchern Zeit zum Austrocknen. Im Herbst öffnen und im Frühjahr versiegeln. Bevor Sie die Löcher verfüllen, noch einmal mit Azeton auswaschen und restlos trocknen.

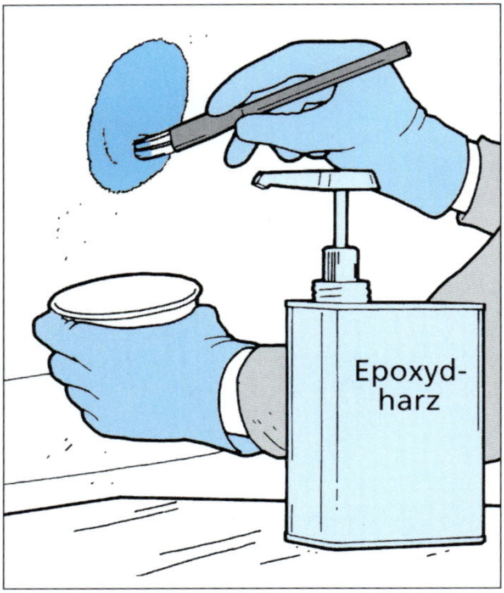

5 *Mit Epoxydharz erzielt man die besten Reparaturergebnisse. Jedes Loch zunächst einstreichen.*

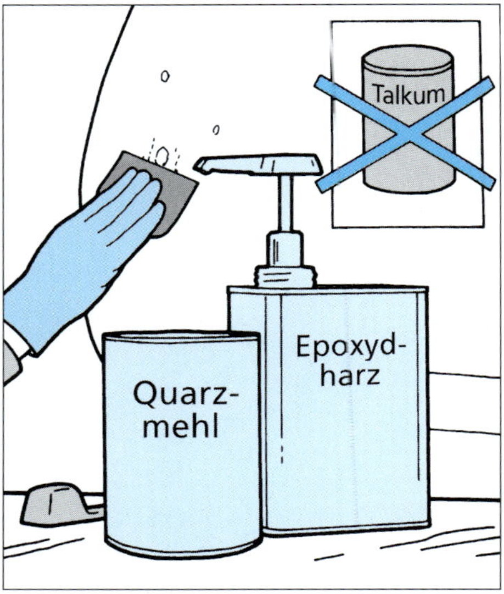

6 *Mit Quarzmehl wie weiche Butter angedicktes Epoxyd füllen Sie mit einem Spachtel in die Vertiefungen. Für Reparaturen unter Wasser niemals andere Füllstoffe verwenden, die Wasser ziehen könnten. Arbeiten Sie sorgfältig – Quarzmehl-Epoxyd wird steinhart!*

7 *Bevor das Harz die volle Härte erreicht, streichen Sie es zweimal mit unangedicktem Epoxyd.*

Osmose

Wenn der gesamte Rumpf von dieser Blasenkrankheit befallen ist, kann man nicht mit dem Ausfüllen der einzelnen Blasen der Osmose Herr werden. Dann ist eine Grundsanierung erforderlich.

1 Untersuchen Sie den Rumpf, sobald er aus dem Wasser kommt. Nur dann können Sie die Osmose gut erkennen. Wenn der Rumpf erst ausgetrocknet ist, kann man weniger sehen, weil die Blasen auch wieder schrumpfen können. Ein blasenüberzogener Rumpf muß grundsaniert werden.

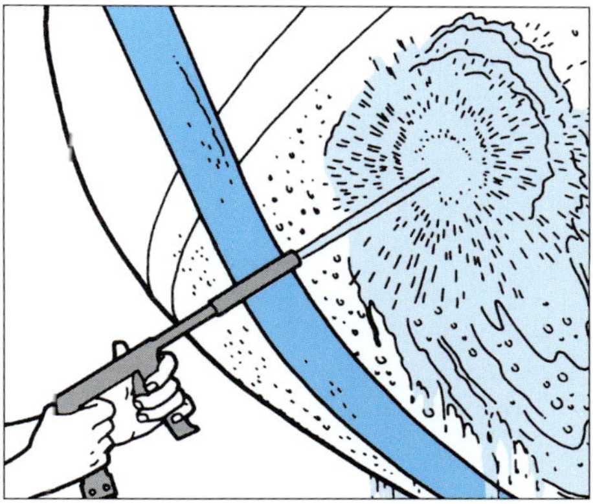

2 Reinigen Sie den Rumpf gründlich mit einem Hochdruckreiniger.

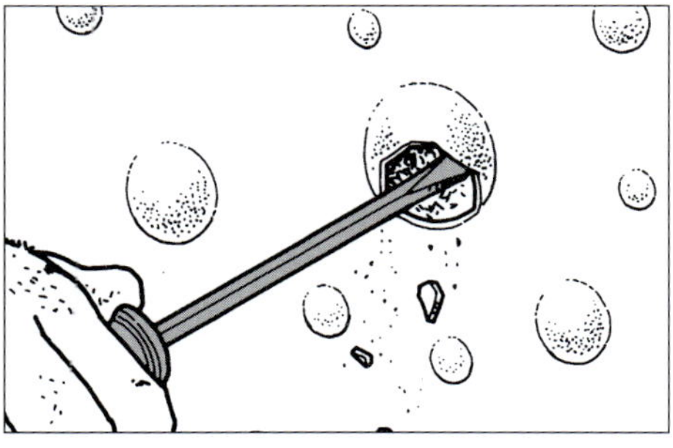

3 Öffnen Sie einige Blasen, um zu sehen, wie tief das Wasser schon eingedrungen ist und ob schon die erste Lage des Laminats in Mitleidenschaft gezogen ist.

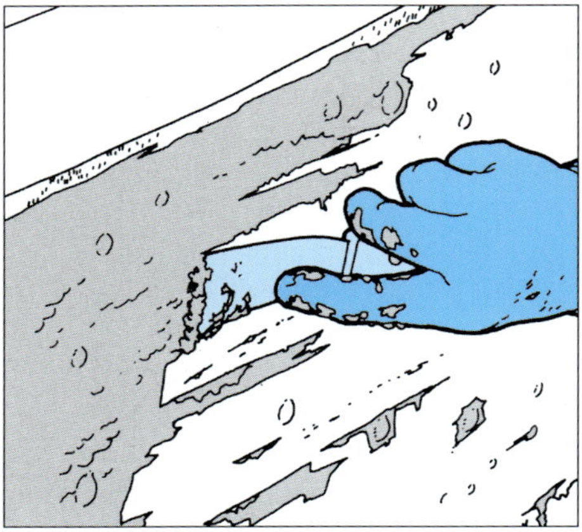

4 *Wenn Sie das Unterwasserschiff nicht schälen lassen können (mit einem sogenannten Peeler), entfernen Sie zunächst alle Farbschichten (chemisch oder/und mechanisch). Danach muß die gesamte Gelcoatschicht unter der Wasserlinie entfernt werden. Halten Sie genau diese Reihenfolge ein, damit nicht Farbreste auf das Laminat gelangen, die dann die spätere Haftung beeinträchtigen.*

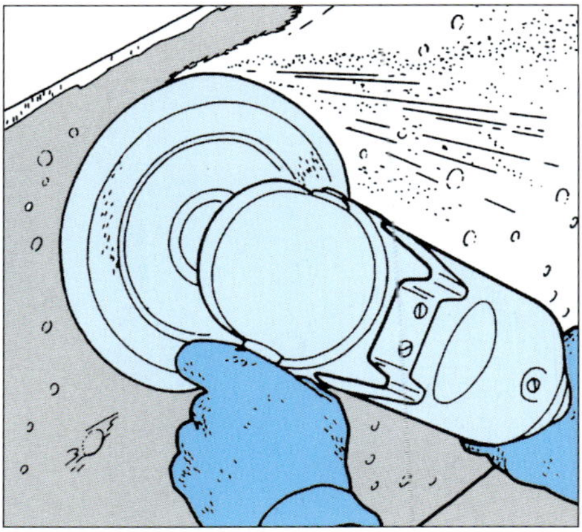

5 *Schleifen Sie das gesamte Gelcoat herunter, nur dann kann der Rumpf vernünftig austrockenen. Am einfachsten geht es mit einem leichten Winkelschleifer (36er Korn oder mit einer standfesten Diamantscheibe). Scharfes Sandstrahlen – von einigen Werften bevorzugt – kann das Laminat beschädigen. Bestrahlung mit Schlacke oder Schalenschrot ist besser. Immer nur bis zu einem Winkel von 30° strahlen, damit das Laminat nicht zerschossen wird.*
Einige Werften arbeiten mit Schälgeräten, die exakt nur die Gelcoatschicht abfräsen, ohne das Laminat zu beschädigen.
Ist das Gelcoat herunter, dann mit 50er-Korn nachschleifen und die Oberfläche glätten.

6 *Waschen Sie die geschliffene Oberfläche mit einer harten Bürste. Es ist wichtig, daß alle losen Farb-, Gelcoat- und Schleifteilchen entfernt werden. Untersuchen Sie die Oberfläche notfalls mit einer Lupe.*

7 Wenn das Gelcoat herunter und das Laminat sauber ist, kann der Rumpf austrocknen. In einer gut beheizten Halle wird das mindestens zwei Wochen dauern. Bei niedrigen Temperaturen muß man allerdings bis zu sechs Monaten Trocknungszeit einplanen. Heizgebläse verkürzen die Zeit, wenn der Rumpf unter einer Plane gehalten wird. Werften beschleunigen das Trocknen durch ein sogenanntes Vakuumverfahren.
Im Freien können Sie das Unterwasserschiff mit Planen einkleiden und abtapen – unter der Sonnenhitze tritt die Feuchtigkeit heraus und kondensiert an der Planeninnenseite. Diesen Vorgang mehrmals wiederholen.

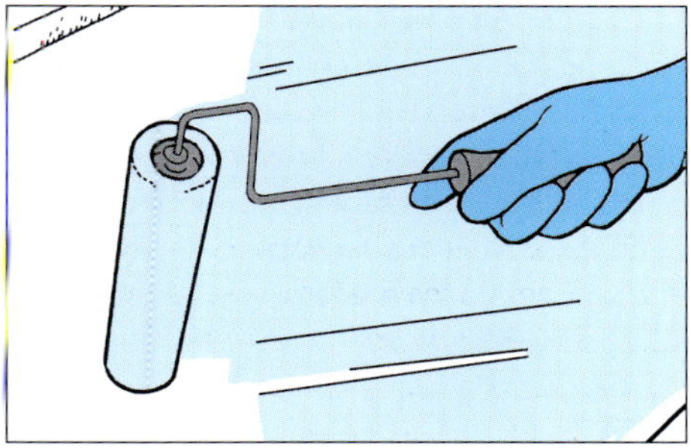

8 Mit einer Rolle wird eine spezielle Epoxyd-Grundierung aufgetragen. Je nach Herstellerangaben 3 bis 5 Durchgänge. Beachten Sie hierzu genau die Herstellerangaben. Auf jeden Fall müssen dabei die Rumpf- und die Umgebungstemperatur identisch sein.

Tiefe Blasen

Man muß wissen, daß Osmose häufiger zwischen den ersten Laminatlagen auftritt als zwischen Gelcoat und Matte. Der Grund dafür kann sein: beim Laminieren in der Werft wird nach dem Aufbringen des Gelcoats und der ersten Lage eine Pause eingelegt (über Nacht). Die Verbindung zur folgenden Lage ist dann nicht so intensiv, vielleicht ein Grund für Osmose?
Blasen, die noch tiefer gehen sind glücklicherweise selten, es sei denn, man hat die schon sichtbaren Blasen lange ignoriert.

Wenn Sie an Ihrem Schiff Blasen entdecken, die sehr tief gehen, dann muß das Laminat auch so tief abgetragen werden. Dann kommt man mit einfachem Beschichten per Rolle nicht aus, der Rumpf muß auflaminiert werden. Mit dünnen Glasgewebestücken, die Sie auf Stoß verlegen, überziehen Sie nahtlos das gesamte Unterwasserschiff, eine Arbeit, die viel Übung und Können verlangt und eher etwas für eine Werft ist. Mit Abreißgewebe rollen Sie die Beschichtung aus. Es folgen das übliche Schleifen und Aufbringen der Sperrschicht.

Rammbeschädigungen

Wenige Dinge sind entmutigender für einen Bootseigner, als auf die aufgebröselte Kunststoffhaut nach einer Ramming zu starren. Den meisten ist nicht bewußt, daß die Reparatur von Aufprallschäden nicht viel komplizierter ist als das Füllen einer Rille oder einer Blase.

Wenn Sie die beschädigte Stelle herausschneiden und die Kanten abschrägen, dann anschließend die eine Seite des Loches durch eine Lage Glasfasern schließen, dann gibt es einen Unterschied eigentlich nur in der Größe der Schadensfläche.

Manchmal ist der Schaden allerdings so schwerwiegend, daß ein signifikanter Teil des Rumpfes oder des Decks erneuert werden muß; aber auch dann ist der Aufbauprozess der Lagen der gleiche. Die Hauptschwierigkeit besteht nur darin, die Laminate in die richtige Form zu bringen.

Die beschädigten Laminate rausschneiden

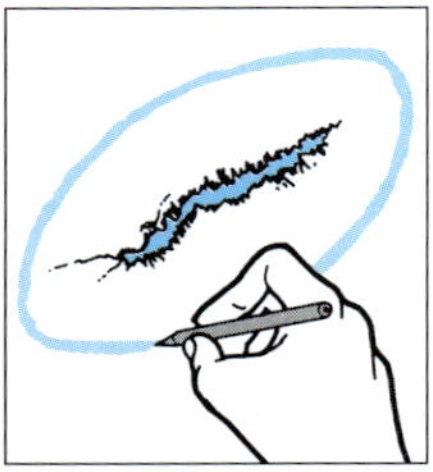

__1__ Ein Aufprallschaden ist fast immer mit Delaminierung verbunden. Klopfen sie diesen Bereich ab, um das Ausmaß des Schadens zu ermitteln und markieren Sie ihn. Umranden Sie den markierten Bereich mit einer kreisförmigen oder ovalen Linie.

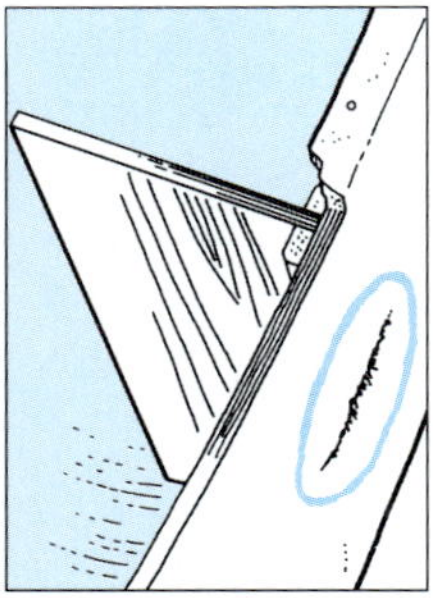

__2__ Gehen Sie unter Deck und stellen Sie fest, ob irgend etwas (Schottwände, Kabel oder Leitungen) im Wege sein könnte, bevor Sie den beschädigten Bereich herausschneiden. Manchmal ist es am besten ein Bruchstück ganz herauszuschneiden; in anderen Fällen möchte man die äußere Oberfläche intakt lassen und von innen neu auflaminieren. Wenn Sie aber von der Innenseite keinen Zugang haben, benutzen Sie eine 3- oder 4-Zoll- (6 bis 10 cm) Lochsäge, um zunächst ein kreisrundes Stück vom Rumpf zu entfernen, so daß Sie hineinschauen und fühlen können, bevor Sie die ganze Fläche herausschneiden.

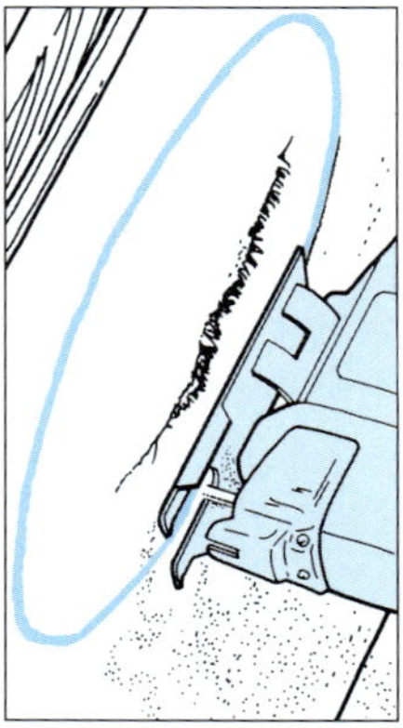

__3__ Sägen Sie an der Markierung entlang. Versuchen Sie niemals beschädigtes Material zu retten; schneiden Sie es immer heraus und ersetzen Sie es durch neues Laminat. Sie können den Schnitt mit einer Stichsäge ausführen, bestückt mit einem Spezialsägeblatt. Es geht aber auch bei kleinen Flächen mit einem Metallsägeblatt.

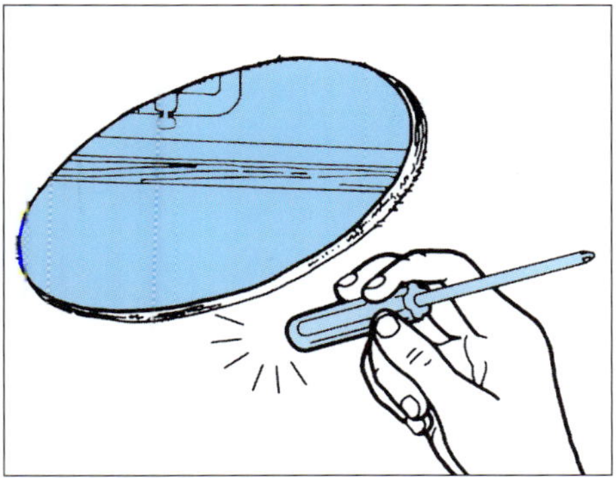

4 Prüfen Sie alle Ränder und vergewissern Sie sich, daß das Laminat solide ist; klopfen Sie den Lochrand ab. Vergrößern Sie den Ausschnitt, wenn Sie noch auf weiche Stellen stoßen.

Arbeiten von der Innenseite (Sorgen Sie für gute Entlüftung)

Es gibt zwei Gründe, weshalb man – wann immer es möglich ist – die Reparatur von innen ausführen sollte. Erstens: wenn Sie ein 10-Zentimeter-Loch haben und es von innen auf 1:12 abschrägen, dann bleibt es außen ein 10-Zentimeter-Loch. Der Schaden an der Außenfläche wird also nicht noch zusätzlich vergrößert.

Der zweite Grund: Wenn Sie von innen laminieren, können Sie mit dem Gelcoatauftrag anfangen und weiter auflaminieren, wie bei der ursprünglichen Herstellung des Rumpfes.

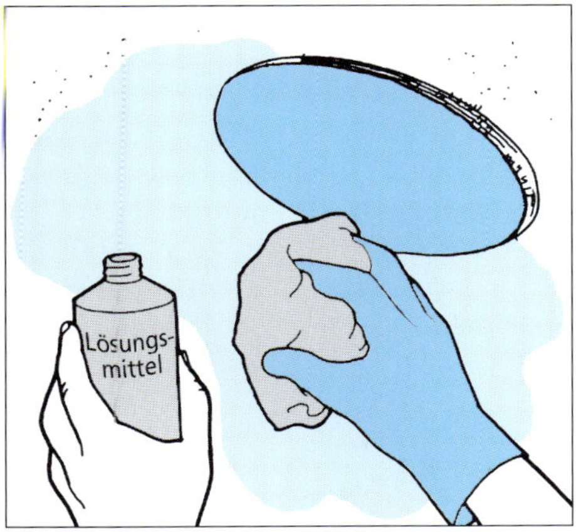

1 Entwachsen Sie die angrenzenden Flächen gründlich und weiträumig.

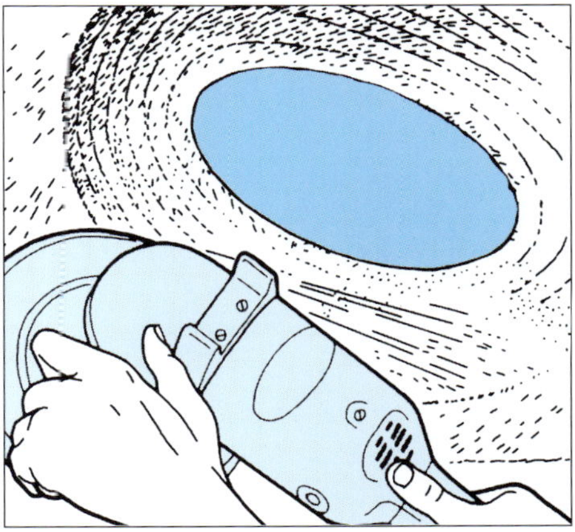

2 Schleifen Sie die Ränder mit einer 1:12-Schrägung gleichmäßig an. Schleifen Sie auch über den Randbereich hinaus, um eine größere Abschluß-Gewebelage aufbringen zu können.

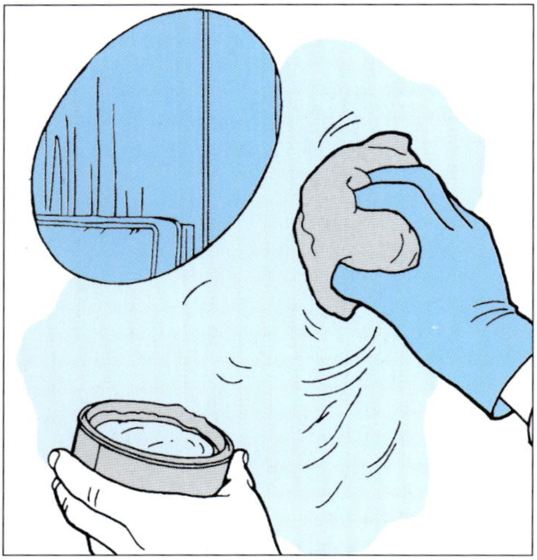

3 *Schützen Sie die Außenhaut, indem Sie die Fläche gründlich einwachsen. Wenn später beim Laminieren Harz durchdringt, kann man es leichter entfernen. Aber passen Sie auf, daß kein Trennwachs an die Lochränder gelangt. Die müssen unbedingt wachsfrei bleiben, sonst gibt's keine Verbindung.*

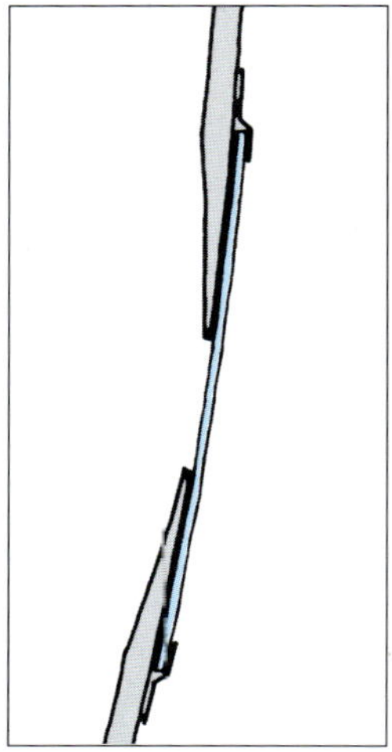

4 *Schneiden Sie sich eine dünne, aber stabile Platte aus Plexiglas (oder Sperrholz mit Folie bespannt), streichen die Oberfläche mit Trennwachs ein und tapen das Teil von außen gegen das Loch. Wenn die Fläche nicht eben ist, müssen Sie die Platte mit Latten gut anpressen, damit sie Form annimmt. Von innen prüfen Sie den korrekten Sitz, es darf kein Spalt zu sehen sein. Bei stark gekrümmten Rümpfen kann man die Plexiglasplatte durch Anwärmen in Form bringen. In Sonderfällen kann man sich auch eine Form abnehmen – wir beschreiben das in den folgenden Abschnitten.*

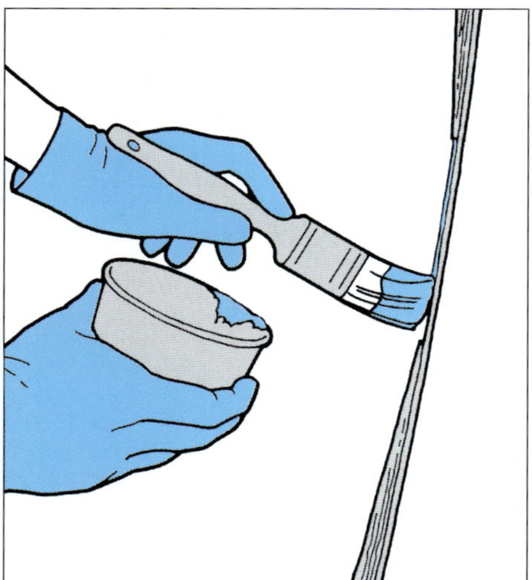

5 *Zunächst wird das Glasmaterial geschnitten. Sie beginnen mit zwei Standardmatten, und es folgen dann abwechselnd Gewebe und Matte. Dabei ist es nicht erheblich, wie dick die einzelnen Lagen sind. Wichtig ist: gut tränken, gut entlüften und die Gesamtdicke erreichen. Die letzte Abschlußlage sollte deutlich über den Randbereich hinausgehen.*

6 *Sie beginnen mit dem Gelcoatauftrag, der zwischen 0,4 und 0,6 Millimeter dick sein sollte. Mit einem Zahnstocher können Sie die Dicke testen (ohne Abb.).*

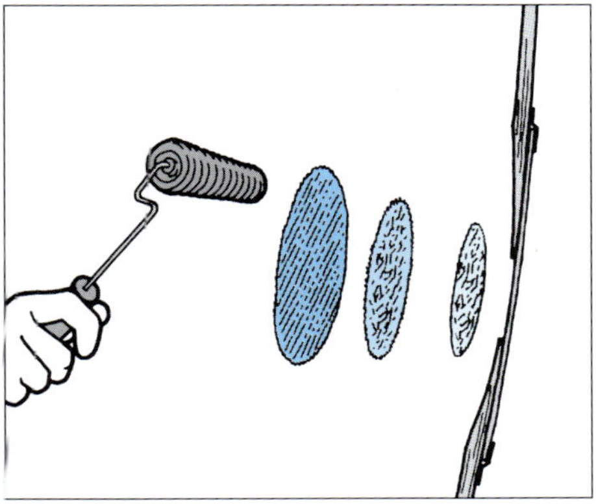

7 Wenn das Gelcoat anzieht, beginnen Sie mit dem Laminieren. Die mit Polyesterharz getränkte Matte wird aufgelegt und mit einem schmalen Scheibenroller entlüftet und verdichtet (bei kleinen Löchern mit einem harten Pinsel die Lagen antupfen). Es folgt eine zweite Lage Matte und dann die erste Gewebelage.

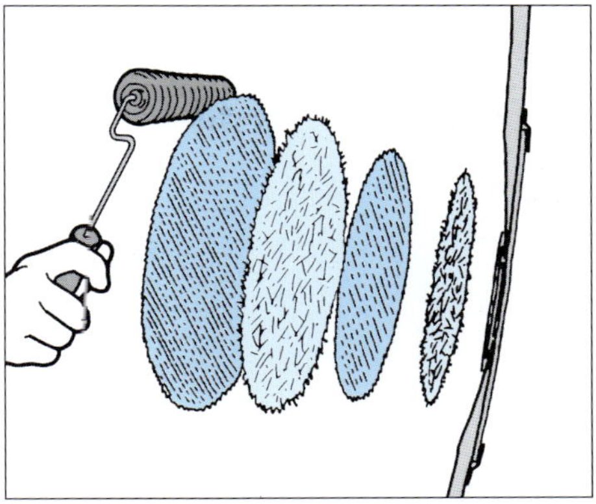

8 Lassen Sie die ersten drei Lagen anziehen, dann folgt der weitere Aufbau. Nie mehr als vier Lagen schnell nacheinander auftragen, es könnte zu einer zu starken Hitzeentwicklung kommen, die das Laminat schwächt.

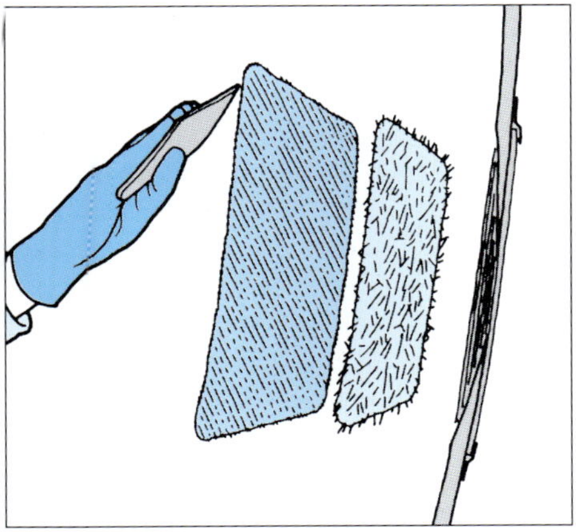

9 Zum Abschluß kommt eine rechteckige Matte mit abgerundeten Ecken zum Einsatz. Sie ebnet die Fläche, und mit einer aufgelegten Abreißfolie oder einer Plastikfolie streichen Sie die Fläche glatt.

10 Nach vollständigem Aushärten entfernen Sie vorsichtig die Platte oder das Formteil von der Außenseite. Finden Sie kleine Vertiefungen ohne Gelcoat, bessern Sie diese mit Gelcoatpaste nach. Schließlich entwachsen Sie die Fläche, dann – wenn nötig – leicht schleifen und anschließend polieren.

Form abnehmen

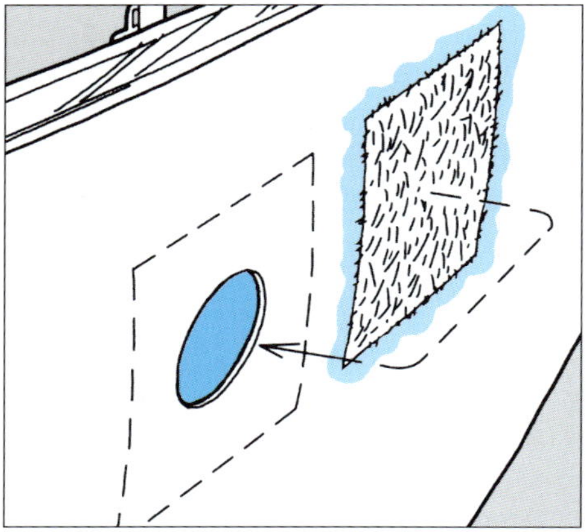

1 Am einfachsten läßt sich die Form am eigenen Schiff abnehmen. Ein Schiff hat immer zwei nahezu identische Flächen. Sie wachsen die besagte Stelle gründlich mit Trennwachs und laminieren zwei Lagen Matte. Nach dem Aushärten die „Form" abnehmen, die Innenseite wachsen und an der Reparaturstelle befestigen.

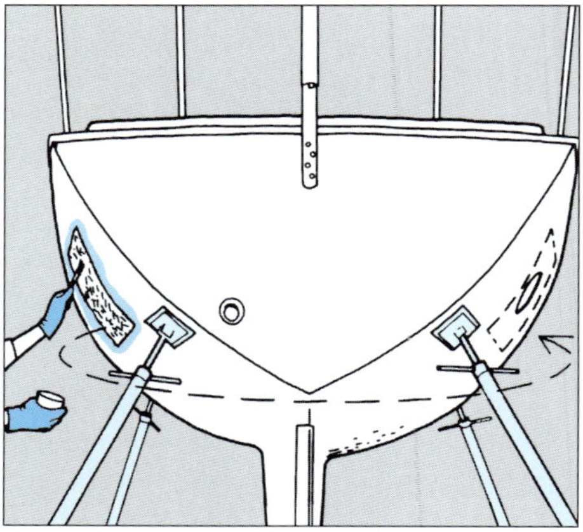

2 Wenn Sie eine Rumpfpartie mit starker Kimmung auflaminieren müssen, dann nehmen Sie sich von der anderen Seite des Rumpfes die Konturen ab. Auf diese Weise erhalten Sie eine nahezu exakte Paßform. Übertragen Sie die Form auf die Reparaturseite kurz bevor sie ganz ausgehärtet ist, dann können Sie noch kleine Formunterschiede ausgleichen

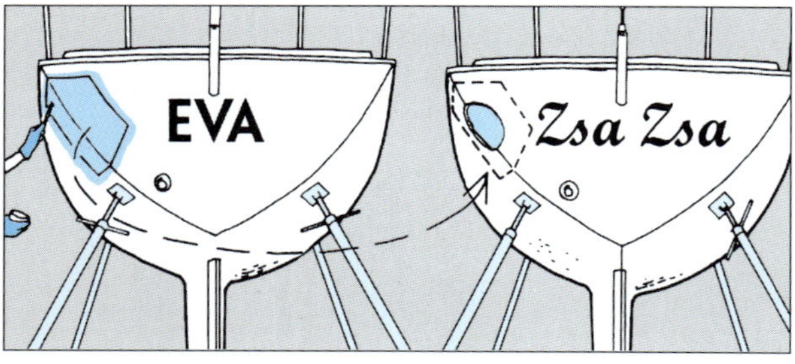

3 Wenn die Beschädigung an einer Stelle liegt, die man nicht einfach spiegelbildlich vom eigenen Boot übertragen kann, dann halten Sie Ausschau nach einem Schwesterschiff und dessen Eigner, denn der will gefragt sein, bevor Sie Ihre Matten zum Abformen anschleppen. Bei großen Formteilen bringen Sie außen einige Versteifungen an, um die Form zu halten. Und bevor Sie mit dem Laminieren an Ihrem Schiff anfangen, vergewissern Sie sich, daß Sie auch genau die richtige Form abgenommen haben.

Reparatur der Außenhaut

Wenn Sie Ihre Reparaturstelle lieber lackieren wollen – anstelle von Gelcoat –, dann können Sie von außen arbeiten. Von außen arbeiten ist einfacher und komfortabler. Sie sind nicht den Harzausdünstungen so stark ausgesetzt und verkeilen sich nicht in unmöglichen Ecken unter Deck. Und wenn Sie nicht Gelcoat verwenden, können Sie natürlich auch mit Epoxyd laminieren – für mehr Haftung und Festigkeit.

1 Erst rund um das Loch entfetten, dann eine Anschrägung des Randes von 1:12 schleifen.

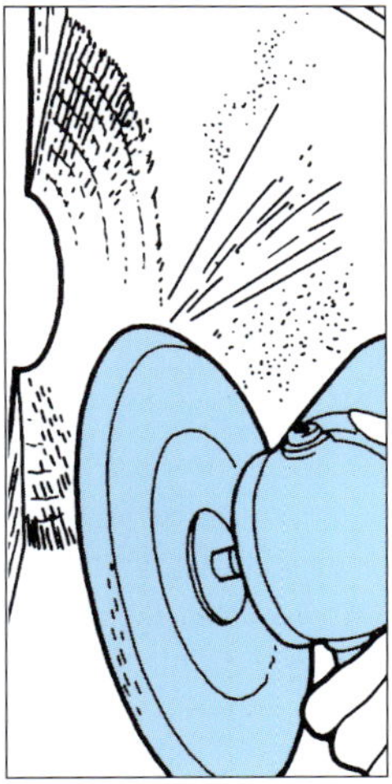

2 Drumherum Trennwachs auftragen, aber nicht auf die geschliffenen Flächen kommen. Der untere Teil wird mit einer Folie geschützt, denn es kleckert immer etwas Harz herunter.

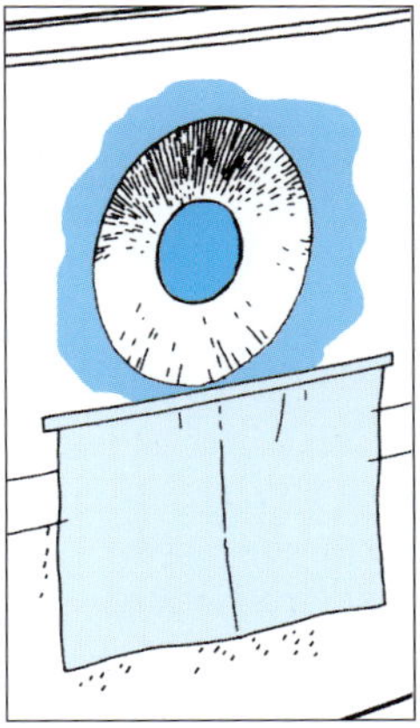

3 Jetzt von innen eine dünne Plexiglasscheibe gegen das Loch drücken, die Sie vorher mit Trennwachs bestrichen haben. Gut andrücken, damit die Scheibe fest anliegt, aber auch keine Beule eindrücken. Bei großen Kimmungen können Sie auch hier mit der Abformmethode arbeiten.

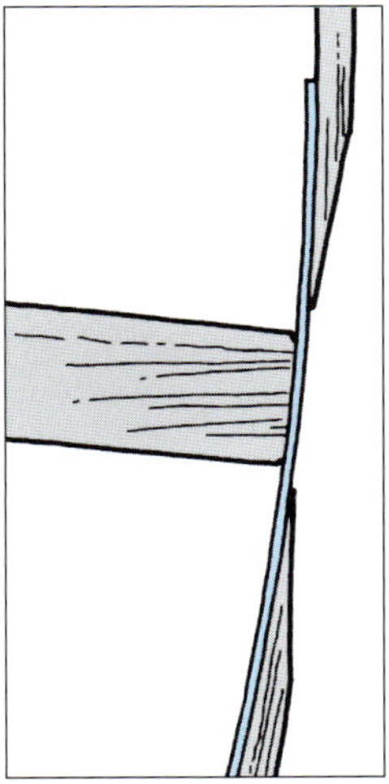

4 Schneiden Sie aus dünnem Gewebe die benötigten Stücke unterschiedlichen Durchmessers aus. Zuerst Epoxyd auftragen und dann das erste getränkte Gewebestück einlegen, andrücken, verdichten. Eine Schicht nach der anderen einlegen, bis die gewünschte Dicke erreicht ist. Nach jeder Lage gut verdichten und ausrollen, überschüssiges Harz auffangen.

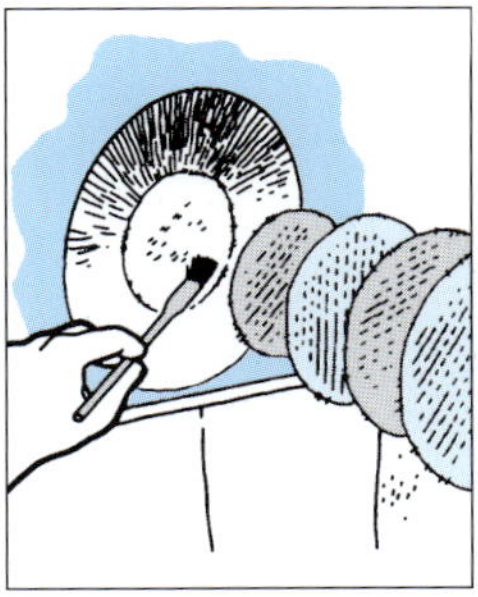

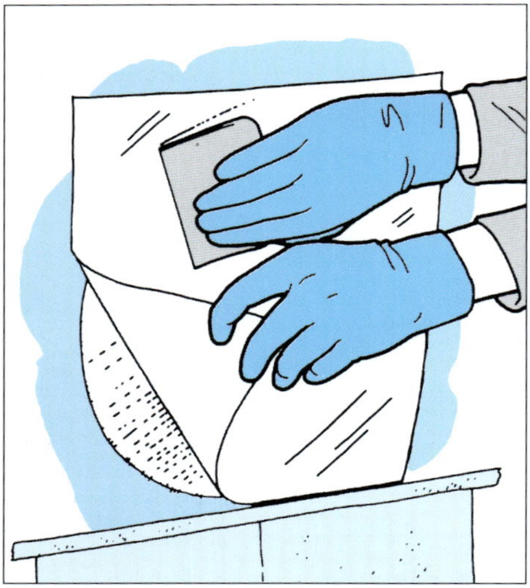

5 *Die letzte Lage streichen Sie noch einmal satt mit Harz ein, legen dann eine Abreißfolie und eine Plastikfolie darüber. Mit einem Gummiabstreifer ziehen Sie die Oberfläche glatt. Heraustretendes Harz sofort entfernen.*

6 *Nach dem Aushärten das Formstück von innen herausnehmen. Die Oberfläche großflächig anschleifen und ein überlappendes Stück Gewebe auflaminieren, um den Urzustand wieder herzustellen.*

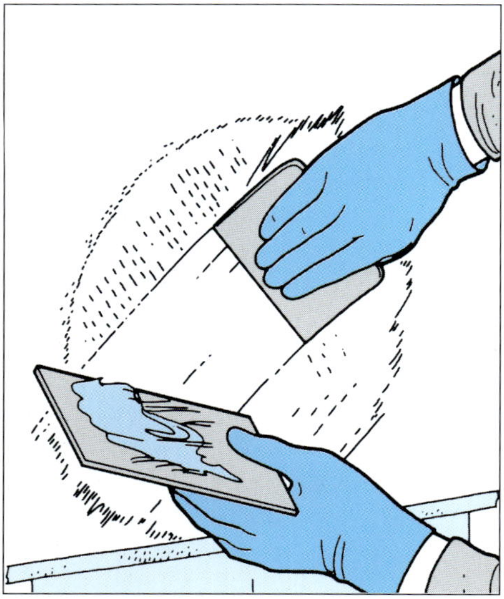

7 *Spachteln Sie die Laminatstelle an der Außenhaut mit Epoxyd, über Wasser mit Mikroballons, unter Wasser mit Quarzmehl angedickt. Anschließend schleifen und streichen.*

Kein Zugang von innen

Oftmals ist gerade dort, wo Sie reparieren müssen, ein Stringer, eine Ausfütterung, ein Tank oder ein Hohlraum, an den Sie nicht herankommen. Seien Sie besonders vorsichtig, wenn Sie die Stelle von außen öffnen. Könnten Kabel, Gasleitungen, Schläuche in der Nähe sein? Ansonsten ist die Reparatur von außen recht gut zu bewerkstelligen, da die Optik von innen keine Rolle spielt.

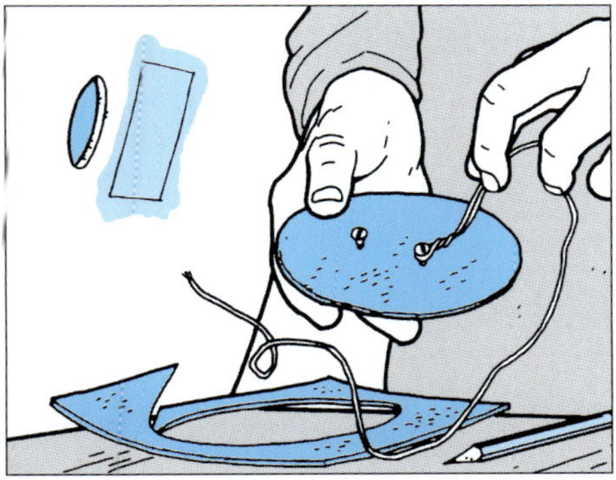

1 Stellen Sie sich ein Formstück aus zwei Lagen Epoxydgewebe her. Wenn das Formteil ausgehärtet ist, schneiden Sie es auf Maß, etwa 2 bis 3 cm größer als das Loch. Drehen Sie zwei Schrauben hinein, befestigen Sie daran einen Draht, mit dem Sie das Teil knebeln können. Entwachsen Sie alle erreichbaren Stellen innen wie außen, indem Sie durch das Loch greifen. Schleifen Sie die Flächen an, dann nochmals entfetten. Entfetten Sie auch das Formteil und schleifen Sie es an.

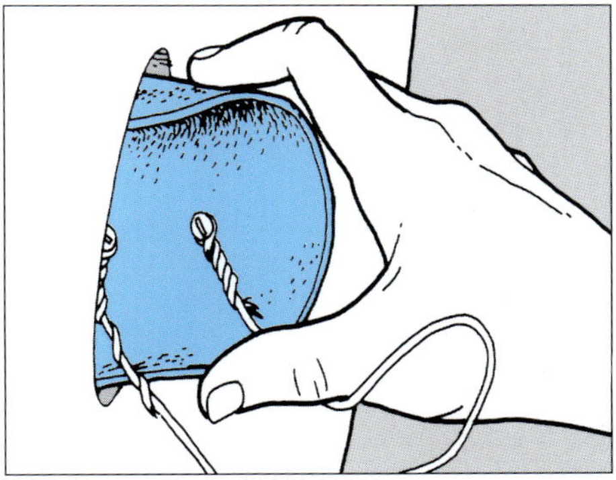

2 Führen Sie das Formteil nach innen. Bei kreisrunden Löchern etwas biegen, damit es hindurchpaßt.

3 Streichen Sie den Außenrand der Form mit eingedicktem Epoxyd ein. Richten Sie das Teil so aus, daß rundum eine gleichmäßige Überlappung entsteht. Ziehen Sie die Form gegen den Rumpf. Suchen Sie sich ein Gegenlager für den Draht und knebeln Sie das Teil fest. Herausquellendes Harz abstreifen und entfernen. Nach dem Aushärten entfernen Sie die Schrauben und den Draht und reparieren das Loch wie bereits im Abschnitt vorher beschrieben.

Sandwich

Ein Sandwichrumpf verlangt eine Drei-Schritt-Reparatur: Innenlaminat, Sandwichkern und Außenlaminat.

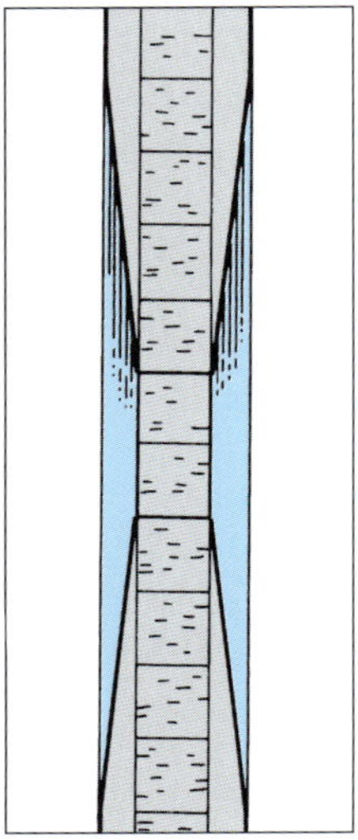

Mit Zugang von innen

Schneiden Sie die beschädigte Stelle heraus. Dann beide Seiten 1:12 anschrägen. Kleben Sie einen neuen Kern hinein. Dann Laminate von außen und innen auftragen.

Ohne Zugang von innen

Mit einem Kreisschneider entfernen Sie die Schadstelle, ohne die innere Haut zu zertrennen. Beide Laminatschichten wie in der Zeichnung gezeigt anschrägen, dann die Innenseite laminieren, einen neuen Kern einkleben und abschließend außen laminieren.

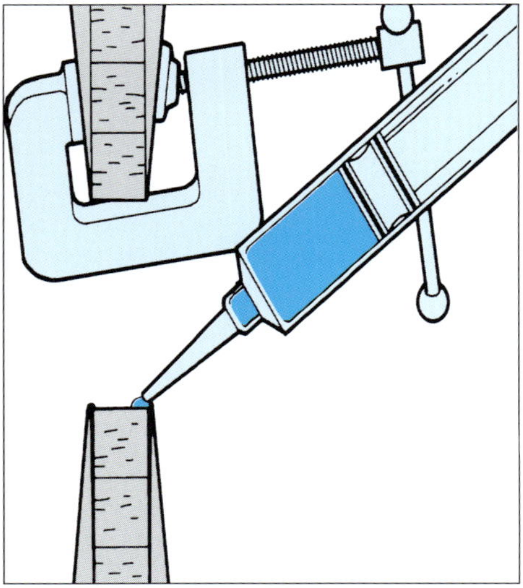

Delamination des Kerns

Zunächst die Laminatlagen auseinanderhebeln, mit einer Spritze Epoxydharz einspritzen und dann mit einer Schraubzwinge die Laminate festdrücken. Müssen viele Punkte angepreßt werden, selbstschneidende Hilfsschrauben eindrehen, die anschließend wieder entfernt werden können.

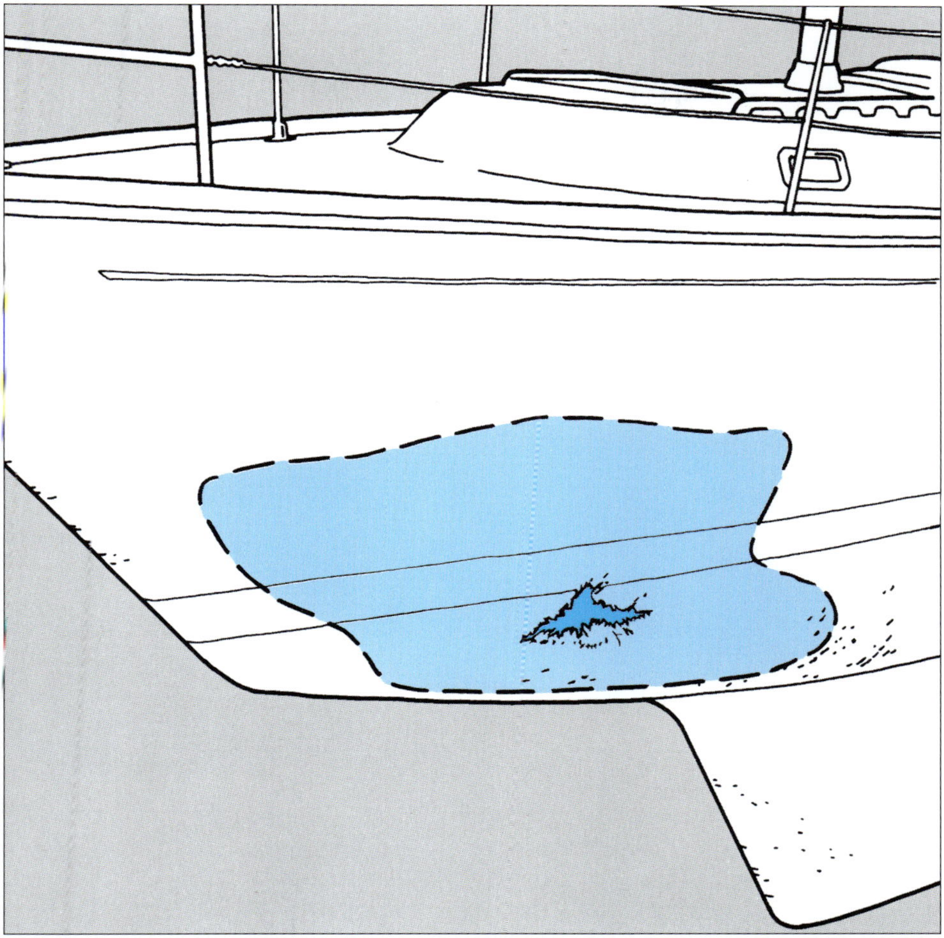

Nasses Sandwich

Kräftige Beschädigungen unter Wasser haben immer einen nassen Kern zur Folge, aber Sandwich-Laminat im Unterwasserbereich wird glücklicherweise selten gebaut. Entfernen Sie, wenn Sie herankommen, von innen großflächig den entsprechenden Bereich. Lassen Sie alles gut austrocknen, ersetzen Sie den Kern und laminieren Sie den Rest wie vorher beschrieben. Wenn Sie nicht von innen herankommen, müssen Sie leider von außen die Außenhaut öffnen. Öffnen Sie den Bereich so weit, bis Sie alle nassen Teile entfernen können; lieber etwas mehr als zuwenig. Je länger das Schiff im Wasser war, desto größer muß der Ausschnitt werden.
Sie können auch einen großen Teil der Außenhaut sauber heraussägen und nach dem Einbringen des Kerns die Ränder schäften und wieder wie beschrieben auflaminieren.

Kiel- und Ruderbeschädigungen

Wer nicht gerade ein überaus gewissenhafter Navigator ist, dem kann es durchaus passieren, daß seine Fahrt abrupt gestoppt wird, weil die bewußte Handbreit Wasser unter dem Kiel plötzlich fehlt. Kiel oder Ruder sind es denn auch, die gewöhnlich den Hauptstoß auffangen müssen. Besteht der Grund aus Schlamm oder Sand, wird kaum ein Schaden entstehen. Anders sieht es bei felsigem Grund oder Korallen aus.

Schrammen oder Riefen an einem Kunststoffkiel werden nicht anders repariert als andere Teile des Rumpfes auch, außer daß ein Schaden an Kiel oder Ruder Sie argwöhnisch machen sollte. Aufgrund des Hebeleffektes verursacht auch ein moderater Schlag gegen ein Unterwasserhindernis ein Übermaß an Spannungen an den Befestigungspunkten. Flossenkiele können den Rumpf aufbrechen oder durchstoßen, Ruder sich aus ihren Lagern reißen. Aber auch ein in GFK eingekapselter Vollkiel kann durch die Masseträgheit deformiert werden, so daß Risse entstehen, durch die Wasser in den Ballasthohlraum eindringen kann. Mit allen Reparaturen an Kiel und Ruder sollte stets eine sorgfältige Inspektion aller Teile verbunden sein. Wahrscheinlich werden sich weitere Schäden zeigen.

Leckende Kiele

Eine Yacht, die durch Wellengang auf- und abbewegt wird, schlägt – auch wenn wenig Fahrt im Schiff ist – auf einen Felsen mit einer ganz enormen Wucht. Wenn so ein Brocken unter den Kiel hämmert, dann reißen nicht selten die Verbände, das GFK splittert auf. Es besteht leider Gefahr, daß solche Beschädigungen nicht sofort erkannt werden; es sei denn, Sie suchen danach. Manchmal bringt erst das eingedrungene Wasser den eingeschlossenen Eisenballast zum Korrodieren, und das Kiellaminat wird deformiert.

1 Untersuchen Sie den Kiel bereits, wenn das Schiff noch in den Gurten hängt, markieren Sie die Schadstelle. Dann können Sie dem Kranmeister genau sagen, wo er das Schiff auf das Pallholz stellen soll, ohne daß Ihre Reparaturarbeiten behindert werden.

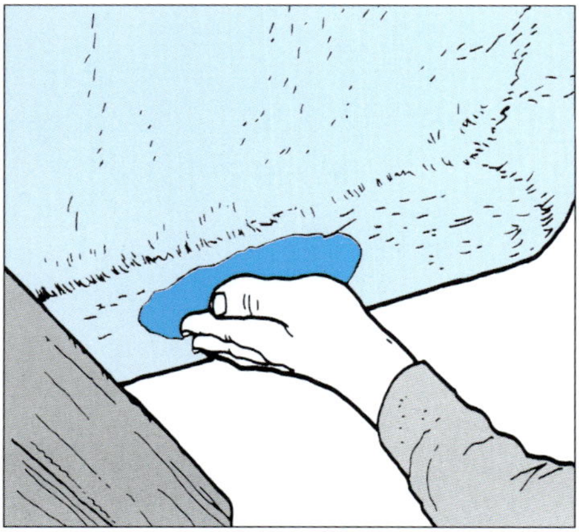

2 Reinigen und schleifen Sie die Oberfläche gründlich, nur nach dem vollständigen Austrocknen können Sie den eventuellen Schadenumfang erkennen. Tasten Sie den Kiel genau ab, ob es irgendwo feuchte Stellen gibt. „Tränen", die über längere Zeit auf dem Kiel stehen, deuten eindeutig auf einen Laminatbruch hin.

3 Entfernen Sie die Farbe im Bereich der Feuchtstelle. Dadurch werden die Risse sichtbar.

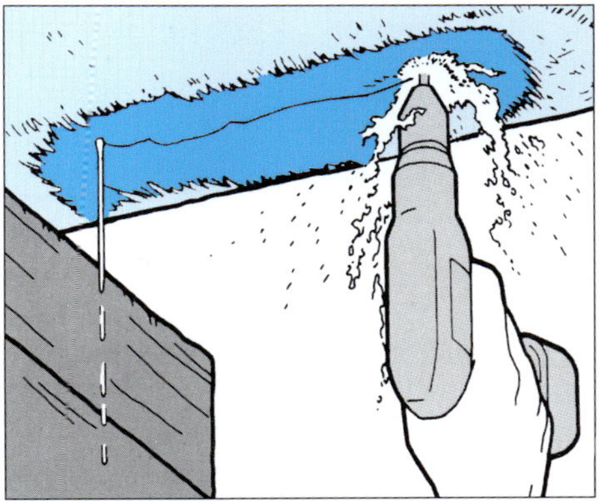

4 Lokalisieren Sie die Endpunkte der Risse und bohren Sie mit einer Akku- oder Handbohrmaschine 6-mm-Löcher in das GFK. Diese Löcher begrenzen den Riß und verhindern ein Weiterreißen; das Wasser kann jetzt abfließen. Benutzen Sie keine 220-Volt-Bohrmaschine, das Wasser könnte eine gefährliche Verbindung herstellen!

5 Schleifen Sie eine 1:12-Anschrägung bis zum Grund des Laminates entlang des Risses.

__6__ Nach vollständigem Austrocknen – das kann Wochen dauern – laminieren Sie mit Epoxyd wie früher beschrieben.

__7__ Ist der Kiel zum wiederholten Male beschädigt worden, laminieren Sie großflächig der Sohle und den Flanken mit Gewebe eine Verstärkung auf. Sollten Sie von innen herankommen, auch von dort Verstärkungen auftragen.

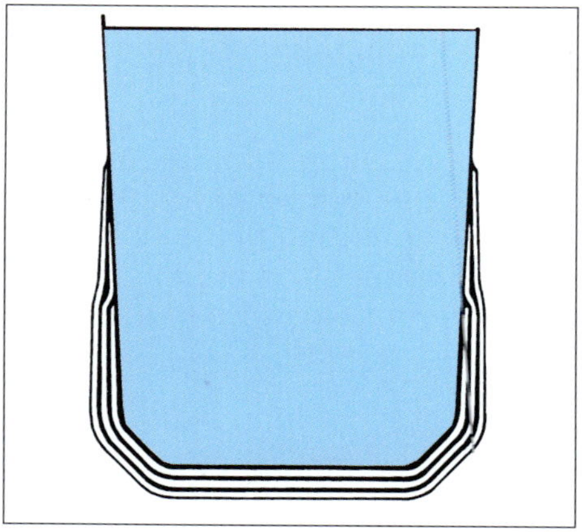

Integrierte Treibstofftanks

Bei einigen älteren Yachten war, aus Kostengründen, im Kiel ein Integral-Treibstofftank eingebaut worden. Bei einer Grundberührung und Beschädigung des Kiels wird ziemlich sicher Treibstoff unten auslaufen und das Laminat durchtränken. Hier eine vernünftige Reparatur durchzuführen ist fast unmöglich, da das Laminat kaum vollständig vom Dieselöl gereinigt werden kann. Deshalb ist es besser, sich einen soliden Stahltank einbauen zu lassen, bevor etwas passiert.

Kielschwert-Lagerprobleme

Bei einem Kielschwerter sitzt der Schwertbolzen in aller Regel im unteren Ende des Stummelkiels. Der Bolzen ist normalerweise mit einem Gemisch aus Harz und Glasfasern eingesetzt. Lecks am Bolzen führen selten zu einem direkten Wassereinbruch, da der Schwertkasten in aller Regel zum Bootsinneren hermetisch abgeschlossen ist. Dennoch ist hier eine Leckstelle kein geringes Problem, da der rostende Stahlbolzen die Lagerung zerstören kann. Außerdem kann eingedrungenes Wasser im Winter frieren und mit enormer Kraft das Laminat sprengen.

Wie können Sie feststellen, ob Sie einen Schaden am Bolzen haben? Beobachten Sie diesen Bereich kurz nach dem Aufslippen. Wenn auch nach langer Zeit immer noch Wasser herausleckt, ist da was nicht in Ordnung. Schauen Sie sich auch die Innenseiten des Schwertkastens an.

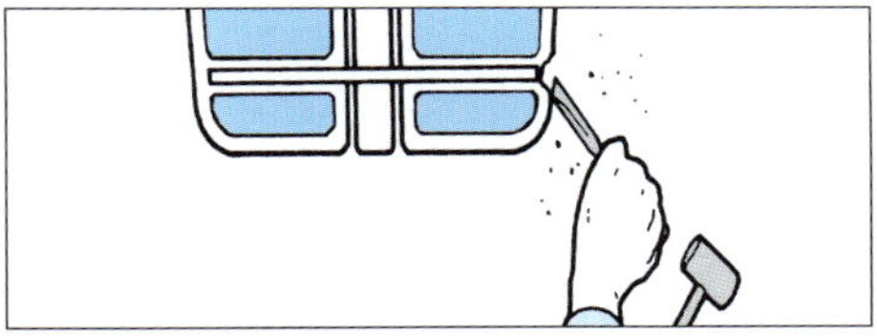

1 Bohren oder stemmen Sie die Endkappen des Bolzens frei. Entlasten Sie den Druck auf den Bolzen, in dem Sie das Schwert abfangen. Treiben Sie den Bolzen heraus und entfernen Sie das Schwert.

2 Da die Bohrungen im Kielstummel oft Vertiefungen aufweisen, ist ein einfaches Aufbohren und Verfüllen mit Epoxyd nicht sinnvoll. Besser wachsen Sie den Bolzen gründlich und umwickeln ihn mehrfach mit epoxyd-getränktem Gewebe. Wenn das Harz hart ist, ziehen Sie den Bolzen heraus.

3 Bohren Sie das Loch im Kiel auf – das Maß gibt Ihnen das neu hergestellte GFK-Rohr. Dieses kann eine schwierige Aufgabe sein; besonders, wenn der Kiel aus Stahl besteht.

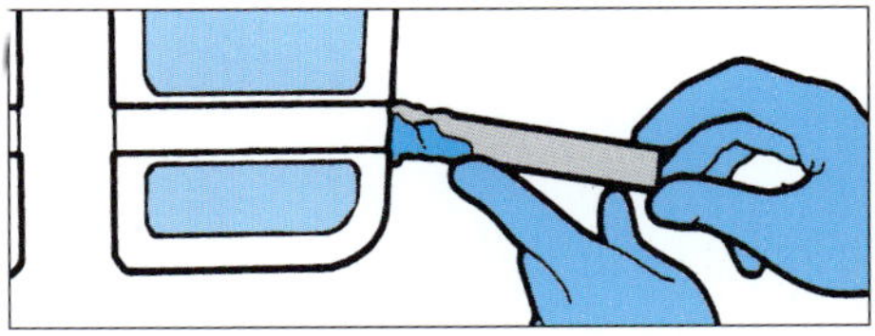

4 Schneiden Sie aus dem Rohr zwei kurze, passende Stücke und setzen Sie sie mit Epoxyd, angedickt mit Quarzmehl, in die aufgebohrten Löcher ein. Achten Sie auf eine gute Verbindung an den Endpunkten der Röhren. Bauen Sie das Schwert und den Bolzen wieder ein und versiegeln Sie die Enden des Bolzens mit Epoxydmasse.

Rumpfbeschädigungen an Ruder und Skeg

Ein untergebolzter Kiel oder ein gleichermaßen befestigter Skeg (kommt selten vor) wird bei Grundberührung zu einem kräftigen Hebel. An der Vorderkante zieht der Kiel den Rumpf nach außen, an der Hinterkante drückt der Kiel den Rumpfboden kräftig nach innen ein – beides kann zur fatalen Rißbildung führen.

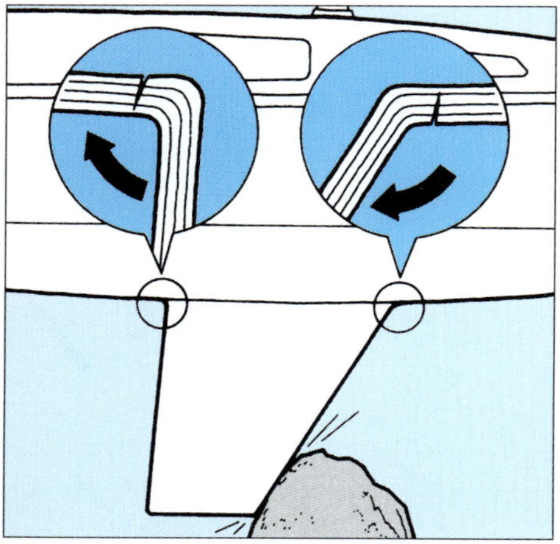

1 *Prüfen Sie an den kritischen Stellen nahe der Befestigung, ob Risse zu sehen sind. In der Regel finden Sie die Risse außen an der Vorderkante, die Risse innen dagegen an der Hinterkante. Seitliche Risse können innen und außen auftreten. Schauen Sie genau hin, denn die Risse federn zurück, wenn die Belastung nachläßt.*

2 *Aber verwechseln Sie nicht Gelcoat-Spannungsrisse mit Laminatbruch. Wenn nur das Gelcoat feine Risse zeigt, brauchen Sie auch nur diese zu beseitigen, um einen Wassereintritt zu verhindern.*

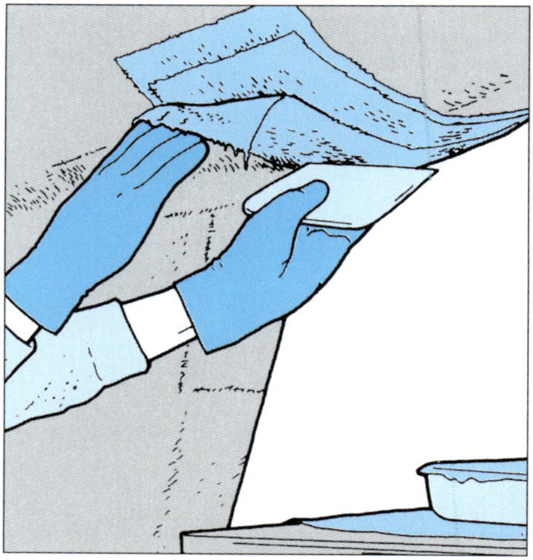

3 *Finden Sie dagegen echte Rißbildung, ist das meist auch ein Zeichen von Unterdimensionierung in diesem Bereich. Deshalb verstärken Sie ihn, nach der Reparatur, mit mehreren GFK-Lagen.*

Ruderbeschädigungen

Das Ruderblatt einer Segelyacht soll ein möglichst neutrales Auftriebsverhalten haben. Deshalb haben GFK-Ruderblätter häufig einen Schaumkern oder sind sogar hohl. Unglücklicherweise sind viele Ruder so dünn beschichtet, daß sie bei der geringsten Grundberührung aufreißen.

Tropfende Ruder kommen viel häufiger vor als tropfende Kiele, und Wasser im Ruder wirkt zerstörerisch.

1 Wenn Sie irgendwo am Ruder eine Leckstelle sichten, kann bereits das ganze Ruder voll Wasser sein. Öffnen Sie das Ruder an der tiefsten Stelle, damit es vollständig auslaufen und trocknen kann. Lassen Sie sich Zeit mit dem Austrocknen.

2 Schleifen Sie die Bruchstelle bis zum Kern auf, um zu sehen, wie weit die Durchnässung fortgeschritten ist.

3 Wenn der Kern durchnäßt ist, bohren Sie mehrere Lochreihen in das Laminat (6–8 mm Durchmesser) und trocknen Sie das Ruder vollständig aus. Heißluft oder ein Trockenraum kann dabei helfen. Nach einigen Tagen machen Sie einige Probebohrungen, um festzustellen, ob noch feuchte Stellen vorhanden sind. Ist das der Fall, kann das Entfernen einer Laminatseite von Vorteil sein.

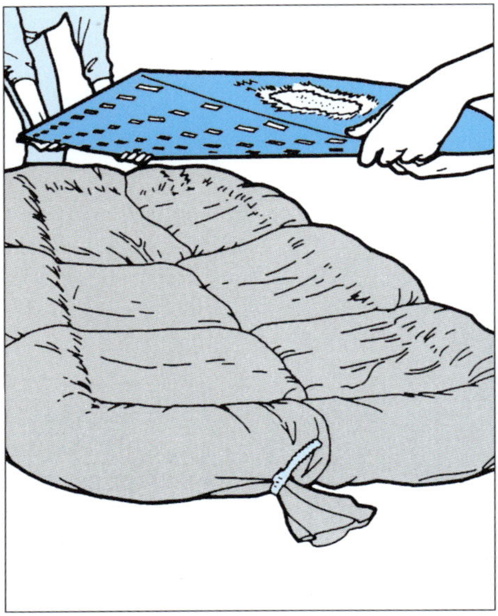

4 *Wenn der Kern trocken ist, tapen Sie die Löcher auf einer Seite zu und legen Sie das Ruder auf sandgefüllte Abfallsäcke, so daß es gleichmäßig und großflächig auf dem Sandbett aufliegt. Dann das Ruder wieder hochnehmen und auf den Trockenbock legen.*

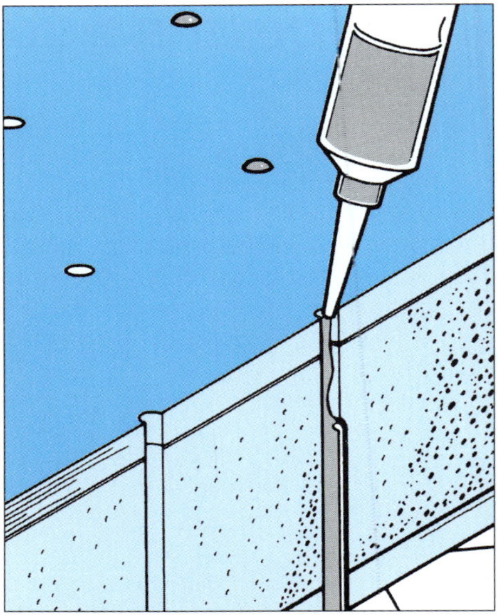

5 *Mit durch Quarzmehl angedicktem Epoxyd verfüllen Sie alle Bohrungen. Arbeiten Sie nur mit gut laufendem Harz. Nehmen Sie einen langsamen Härter. Befüllen Sie so lange, bis das Harz oben erscheint. Überschüssiges Harz abstreichen und entfernen.*

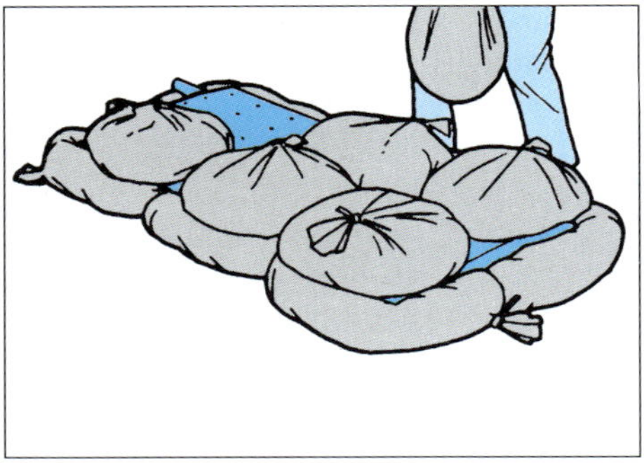

6 *Nach dem Befüllen das Ruderblatt auf die vorgeformten Sandsäcke legen und von oben mit weiteren Säcken beschweren, damit die Außenhäute gegen den Kern gepreßt werden.*

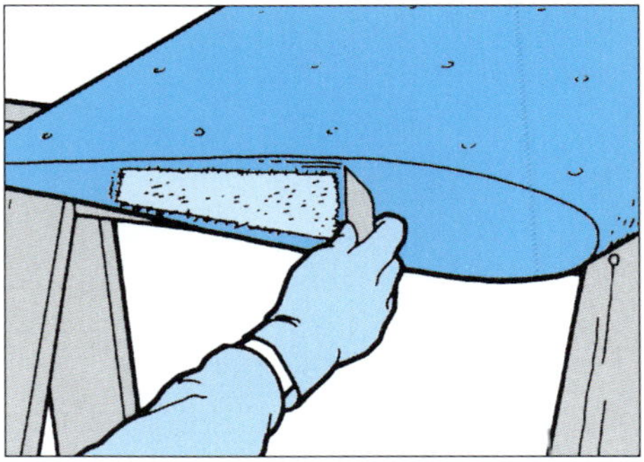

7 *Nach dem Abbinden alle Öffnungen mit kleinen Glasfaserflicken abdichten. Abschließend schleifen und lackieren.*

Blatt-/Schaft-Ablösungen

Harz hält auf Metall nicht besonders gut. Temperaturschwankungen, unterschiedliche Ausdehnunskoeffizienten fördern das Loslösen. Damit der Schaft sich nicht dreht, sind Stahlzargen am Schaft aufgeschweißt. Wenn die gut dimensioniert und ausgeführt sind, haben Sie ein Ruder mit langer Lebensdauer, aber leider sind diese Konstruktionen oft sehr unzu änglich ausgeführt – die Zargen sind zu dünn.

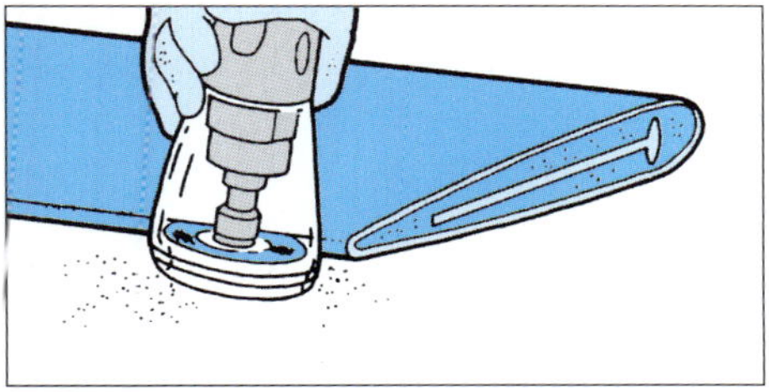

1 *Ruderblätter bestehen in der Regel aus zwei GFK-Hälften, die um den Schaumkern geklebt sind. Trennen Sie die beiden Ruderblatthälften und zerlegen Sie die Konstruktion.*

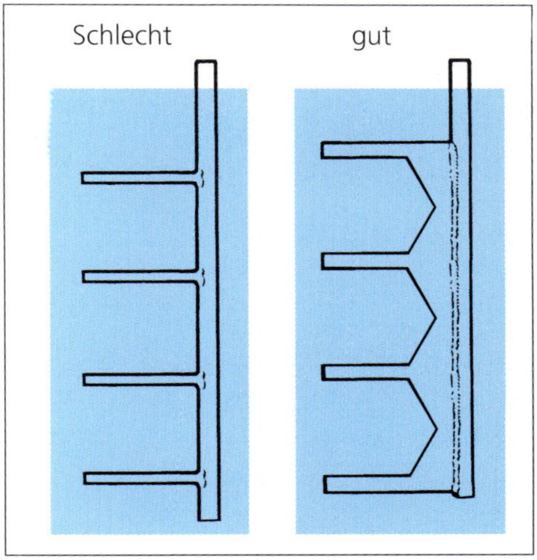

2 *Wenn Sie eine schwache Stahlkonstruktion haben, lassen Sie sich eine neue anfertigen – der Aufwand lohnt sich immer.*

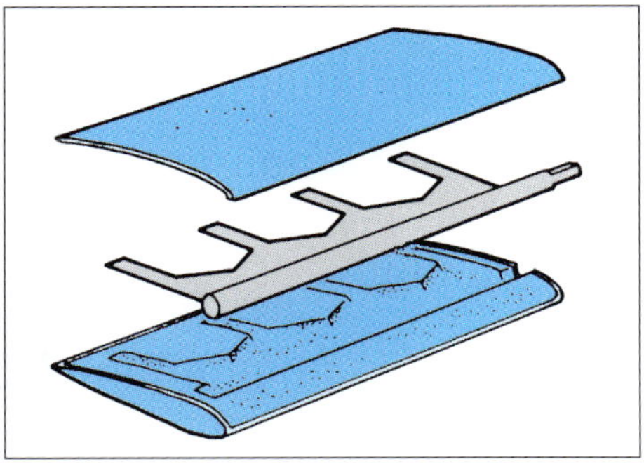

3 *Schneiden und schapen Sie sich nach der neuen Form einen neuen Schaumkern. Wenn alles exakt paßt, kleben Sie die Teile mit angedicktem Epoxyd zusammen und belasten sie, wie beschrieben, mit Sandsäcken. Abschließend die Nähte überlaminieren, schleifen und lackieren.*

Außenballast

Grundberührung mit einem Bleikiel kann Folgen für den Rumpf haben – muß aber nicht unbedingt sein. Auf jeden Fall werden Sie wahrscheinlich kräftige Verformungen am Kiel selbst entdecken.

1 Mit einem Kugelhammer können Sie versuchen, das deformierte Material wieder einigermaßen in Form zu bringen – viel werden Sie allerdings nicht mit dieser Methode erreichen.

2 Tragen Sie die aufgeworfenen Teile mit einer Raspel oder einem Formhobel ab, bis alle Außenkonturen wieder hergestellt sind. Zur Schmierung können Sie Petroleum verwenden.

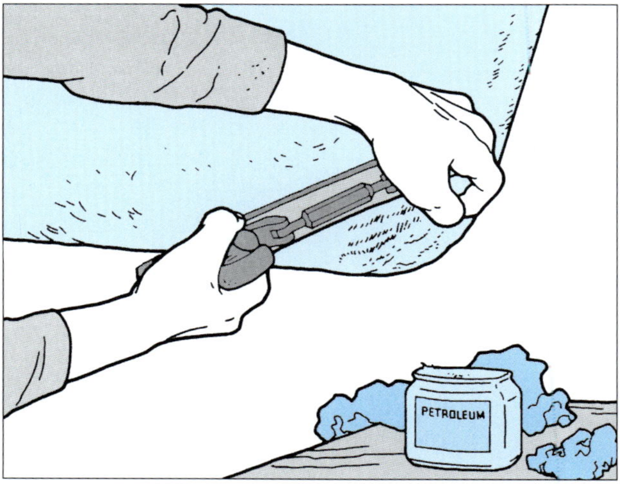

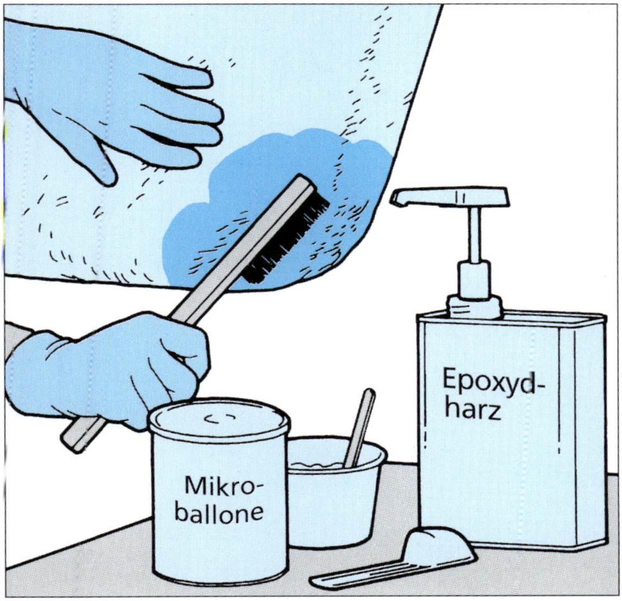

__3__ Entfetten Sie den Rumpf, wenn Sie mit Petroleum gearbeitet haben. Die Vertiefungen und Krater verfüllen Sie mit Epoxydmasse, angedickt mit Mikroballons. Vor dem Verfüllen die Bleiflächen gut schleifen, mit einer Stahlbürste aufrauhen und mit Azeton abwaschen. Zunächst nur Epoxydharz auftragen und erneut mit der Stahlbürste bearbeiten, damit sich unoxydiertes Blei mit Epoxyd verbinden kann.

__4__ Nach dem Aushärten gut schleifen, bis alle Unebenheiten behoben sind (Schleifbrett verwenden, sonst gibt es Beulen). Dann mit Epoxyd streichen und das Harz mit Schleifpapier ins Metall einarbeiten. Nach dem Härten nochmals zwei Anstriche mit Harz ausführen, dann schleifen und lackieren, plus Unterwasserfarbe.

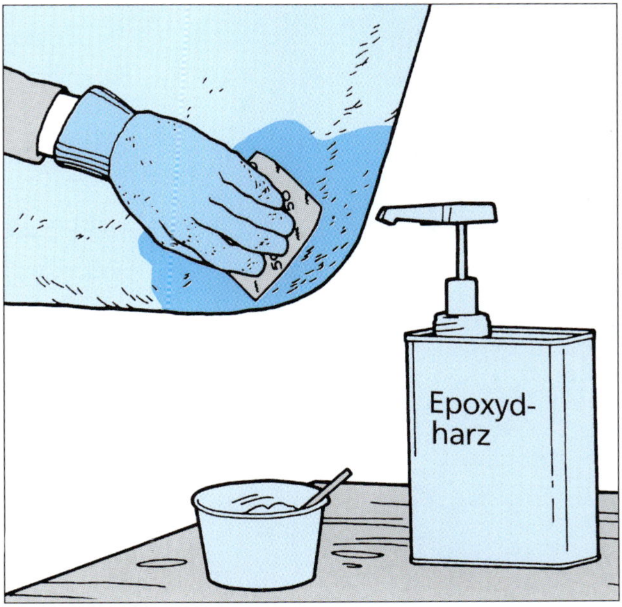

Weitere Bücher für Bootseigner mit technischen Interessen

Tim Bartlett
Außenbordmotoren
Funktion, Arbeitsweise, Pflege und Wartung

Technik, Wartung und Pflege von Außenbordmotoren. Mit zahlreichen instruktiven Fotos und Abbildungen.

ISBN 3-7688-1304-5

Don Casey
Der Yacht-Check
Mängel erkennen & beseitigen

Umfassender Check für Käufer und Verkäufer von gebrauchten Kunststoffyachten.

ISBN 3-7688-1150-6

Don Casey
Pflege rund ums Boot

Eigene Wartung und Pflege von Holz-, Stahl- und Kunststoffyachten. Viele instruktive Zeichnungen, knappe Texte.

ISBN 3-7688-0982-X

Paul Pollack
Der erste Törn
Tipps für Mitsegler

Grundkenntnisse fürs Mitsegeln und Chartern.

ISBN 3-87412-152-6

Tim Bartlett
Der Yachtdiesel

Wie tickt der Diesel? Hier lernen sie es: alle Arbeiten sind umfangreich und anschaulich illustriert.

ISBN 3-7688-1616-8

Segeltrimm
Einfach schneller sein

Grundlagen, Tipps und Kniffe rund um den Segeltrimm für sportorientierte Fahrtensegler.

ISBN 3-7688-1536-6

Dag Pike
Der Sextant
Technik und Handhabung

Leicht verständliche Anleitung zum klassischen Navigieren ohne Strom und Funk.

ISBN 3-7688-1559-5

Rolf Dreyer
UKW-Funkbetriebszeugnis und Sprechfunkzeugnis für die Binnenschifffahrt
Mit den amtlichen Prüfungsbogen

Der aktuelle Lehrstoff zu den Prüfungsanforderungen für SRC und UBI. Mit offiziellen Frage- und Antwortkatalogen.

ISBN 3-7688-1429-7

Jens Feddern
Theorie und Praxis der Bordelektrik

Alles, was Bootssportler über Strom an Bord wissen müssen: Batterie, Generator, Installation, Sicherung.

ISBN 3-7688-0913-7

Garth Graves
Holzarbeiten auf Yachten

Für nützliche Bootseinrichtungen aller Art: Schritt-für-Schritt-Anleitungen für Wochenend-Bastler, auch für Anfänger.

ISBN 3-7688-1227-8

Jürgen Hauert
Medizinischer Ratgeber an Bord

Erste Hilfe und Vorbeugung für Verletzungen und Erkrankungen an Bord.

ISBN 3-7688-1015-1

David Houghton
Das Wetter auf See

Was jeder Bootssportler über das Wetter und seine Entstehung wissen sollte.

ISBN 3-7688-1114-X

Ulrich v. Hintzenstern / Gisela Auschra
Chartern ohne Risiko

Das Standardwerk für Einsteiger. Checklisten und Törnorganisation runden das Thema ab.

ISBN 3-87412-124-0

Joachim F. Muhs
Yachtelektrik

Alles über Strom an Bord. Umfassend, leicht verständlich und praxisorientiert.

ISBN 3-87412-108-9

Peter Schweer
Das optimal getrimmte Rigg
mit 8 Trimmtabellen

Wie man Rigg und Segel den Wind- und Wasserverhältnissen richtig anpasst.

ISBN 3-87412-127-5

Don Seddon
Der Bootsdiesel
Funktion, Wartung und Reparatur

Alles über das wichtigste Stück der Sicherheitsausrüstung an Bord.

ISBN 3-7688-1078-X

Claus Reissig
Das ideale Schiff
Typen – Ausstattung – Kosten

Objektive Entscheidungshilfen und handfeste Beurteilungskriterien zum Kauf und Chartern von Yachten.

ISBN 3-7688-1350-9

Peter White
Der Außenborder
Funktion, Wartung und Reparatur

Anschauliche Einführung in Technik, Handhabung und Pflege von Außenbordern.

ISBN 3-7688-1096-8

Klaus Hympendahl
Checklisten für Fahrtensegler
3500 Anregungen und Tipps

Alles, was der Skipper in 30 Jahren schon mal vergessen hat: 3500 Gegenstände und Tipps in 50 Listen sortiert.

ISBN 3-87412-173-9

Bryan Willis
Die Regeln beim Segeln
Wettfahrtregeln in Bildern

Anwendung der neuen Wettfahrtregeln 2005-2008 in typischen Regattasituationen: So nutzen Segler alle Rechte.

ISBN 3-7688-1653-2

Erhältlich im Buch- und Fachhandel oder unter
www.delius-klasing.de/shop

DELIUS KLASING